Enseigner l'orthographe autrement

Sortir des idées reçues
Comprendre comment ça marche

La *Chronique Sociale* est à la fois un organisme de formation et de recherche et une maison d'édition. Fondée à Lyon en 1892, elle s'est préoccupée dès ses origines de sensibiliser aux évolutions de la société et de suggérer une organisation de la vie collective plus solidaire et plus respectueuse des personnes.

Actuellement, les ***Éditions de la Chronique Sociale*** publient des ouvrages et des jeux pédagogiques qui contribuent à mettre en œuvre ces orientations. Issus de pratiques professionnelles et sociales, ils sont au service de tous ceux qui s'efforcent de mieux comprendre le monde.

Chacun pourra s'approprier ces outils et les utiliser, tant pour son développement personnel que pour une action collective efficace.

Pour plus d'informations :
www.chroniquesociale.com

Couverture : Jammydesign sur iStockphoto.com

Responsable des Éditions : André Soutrenon

Correction : Jean Glorieux

Imprimeur : Présence graphique

Chronique sociale, Lyon, Dépôt légal : mai 2013

Imprimé en France

Eveline Charmeux

Enseigner l'orthographe autrement

Sortir des idées reçues

Comprendre comment ça marche

Pédagogie formation

l'essentiel

Chronique Sociale 1, rue Vaubecour - 69002 Lyon
Tél. : 04 78 37 22 12

L'orthographe est une science qui consiste
à écrire les mots d'après l'œil et non d'après l'oreille.

Ambrose Bierce

Je remercie principalement ma collègue et amie Claudine qui a participé à l'élaboration de la plupart des exemples concrets cités ici, ainsi que tous les collègues qui ont travaillé avec nous dans les classes.

Enseigner l'orthographe autrement

Avant-propos..7

Première partie : **L'orthographe, c'est quoi ?**
Les théories sur l'orthographe 9

La théorie dominante : Nina Catach 10
Analyse pédagogique de cette théorie 11

Quatre questions qui orientent vers une autre hypothèse 12
Comment sont écrits les messages qui nous entourent ?.....................12
Quelle relation unit la « combinatoire » (la relation lettres/sons) et l'orthographe ? Étude synchronique et diachronique.........................16
Quelle est alors la place de la combinatoire dans le fonctionnement de l'écrit ?..28
Quelles conséquences peut-on dégager de ces réponses ? 41

Un autre modèle théorique...43
Le nouveau modèle..43
Quelle didactique et quelle progression peut-on envisager, à partir de ces constats, vers la maîtrise de l'orthographe par tous les enfants ?... 44

Deuxième partie : **Les conséquences pratiques**
Aider les enfants à comprendre ce qu'est l'orthographe et à quoi elle sert ...**47**

Quelle démarche et quels contenus d'apprentissage ?...........................48

Le grand problème de la dictée..48
La dictée est-elle un exercice d'évaluation ?..48
La dictée peut-elle être un exercice d'apprentissage de l'orthographe ?..49
Mais la dictée préparée ? 50
La dictée dirigée ?..51
Pourrait-il y avoir des formes satisfaisantes de la dictée ?...................51
Mais alors, l'auto-dictée ne serait-elle pas la solution ?.......................52

Comment travailler ? Quels contenus, quelle démarche, quelles activités ?..53
Aux cycles 1 et 2 organiser le travail autour de quatre axes principaux 56
Les activités à prévoir...60

Des exemples concrets, entre le CP et le CM2 64
Un exemple au CP 64
Un exemple au CE1 68

Un exemple au CE2 : les marques de genre
dans le groupe nominal 74
Un exemple au CM1 : première approche du problème
de l'accord des participes passés 78
Un exemple au CM1 : l'orthographe des homonymes 83
Un exemple au CM2 : l'orthographe des participes passés 88

***Troisième partie :* Aider les enfants à se servir de l'orthographe pour se faire comprendre Le doute orthographique et l'entraînement à la documentation 97**

Comment mettre en œuvre cet entraînement ? 99
Maîtriser l'ordre alphabétique et la notion d'intervalle 99
Apprendre à classer dans l'ordre alphabétique des mots donnés ... 100
Apprendre à lire le dictionnaire 100
Apprendre à formuler des hypothèses de graphies avant d'ouvrir le dictionnaire, et savoir où chercher 101
Apprendre à se servir d'un dictionnaire de verbes 102

***Quatrième partie :* Évaluer la maîtrise de l'orthographe ... 105**

Que signifie « maîtriser l'orthographe » ou qu'y a-t-il à évaluer ?.... 106
Quels types d'évaluation ? 107
Évaluer l'orthographe en situation fonctionnelle d'écriture.
Des notes d'orthographe ou autre chose ? 107
Évaluer les connaissances sur le fonctionnement de l'orthographe .. 108
Des exemples concrets au CE2 110

Bibliographie* *117

Avant-propos

L'orthographe présente, dans l'ensemble des divers domaines de l'enseignement du français, une *double caractéristique,* dont on retrouve rarement l'écho dans les propositions pédagogiques qui fleurissent un peu partout, – du reste, sans parvenir à régler les innombrables problèmes que rencontrent les élèves.

D'une part, elle est une affaire passionnelle et un lieu d'affrontements parfois violents, plus violents encore que ceux qui secouent l'enseignement de la lecture : toucher à la dictée relève du blasphème, au moins !

Et d'autre part, on ne retrouve pas les mêmes corrélations avec l'intelligence ou la culture que l'on observe dans les autres domaines, comme la lecture, ou la grammaire.

- Peu de corrélations avec l'intelligence : on a fréquemment observé que des personnes ayant un QI très élevé peuvent être capables d'erreurs orthographiques importantes, alors que certaines personnes déficientes n'en commettent point.
- Pas davantage de corrélations significatives avec la culture et les diplômes : on rencontre assez souvent, notamment chez les personnes âgées, des orthographes impeccables, avec quelques années seulement d'école primaire, tandis que certains détenteurs de diplômes élevés sont capables de multiplier les erreurs dans ce domaine.
- On observe, en revanche, une corrélation très forte avec l'état affectif des sujets : tout professeur de français a remarqué que les copies d'examens sont généralement émaillées d'un nombre d'erreurs sensiblement plus élevé que les devoirs quotidiens. Et chacun a pu constater sur soi qu'écrire une lettre dans un état de stress, ou d'énervement important, coïncide généralement avec un nombre inhabituel d'erreurs orthographiques.

On notera du reste, que c'est le seul domaine des disciplines scolaires où l'on ne parle pas d'erreurs, mais de FAUTES. Comme si elle relevait de la morale !

On ne peut, cependant, nier que l'orthographe soit un facteur essentiel de sélection sociale, et une des causes majeures d'échecs scolaires… Du reste, sa non-maîtrise est souvent considérée (bien à tort !) comme un indicateur d'illettrisme.

De ce fait, elle constitue un véritable cauchemar pour les enseignants, qui y voient l'échec majeur de leur travail, comme pour les élèves, qui y rencontrent d'insurmontables difficultés.

Pour toutes ces raisons, enfin, elle apparaît revêtue d'une **charge affective** bien supérieure à celle des autres domaines d'enseignement.

Or, les propositions pédagogiques, qui fleurissent régulièrement, ne sont que très rarement des propositions solidement structurées, et répondent à une volonté, tantôt de dorer la pilule, posée comme amère et difficile à avaler, tantôt de « simplifier » les contenus à enseigner, comme si « simplifier » était synonyme de « faciliter ». D'une part, on ne précise pas ce qu'on entend par simplifier, ni par rapport à quoi s'effectue cette simplification, ni si elle correspond aux réelles difficultés des élèves, et d'autre part, on oublie qu'en matière d'apprentissage, le simple est toujours plus difficile que le complexe habituel, car il n'appartient pas à au réel et n'est une construction abstraite.

Mais surtout, hormis le travail de l'équipe HESO, avec J.-P. Jaffré, l'enseignement de l'orthographe n'est pratiquement jamais associé à la production d'écrits.

Le présent ouvrage s'efforce d'éviter ces écueils et propose une théorie qui se veut solide de l'enseignement de l'orthographe, en relation avec la communication écrite, théorie fondée linguistiquement, et construite avec des classes dans une démarche de recherche-action.

Première partie

L'orthographe, c'est quoi ? Les théories sur l'orthographe

Il est impossible de définir des pratiques d'enseignement de quoi que ce soit, sans s'appuyer sur une théorie répondant à la question posée ici en titre. C'est pourtant une question que peu se posent : les batailles sur la lecture font allègrement l'impasse sur une telle préoccupation, et c'est la raison majeure du conflit. Quand on se bat sans savoir sur quoi, on n'a que peu de chances de trouver un terrain d'entente.

Pour l'orthographe, c'est la même chose : peu d'enseignants savent sur quelle théorie reposent les pratiques qu'on leur conseille, et cela malheureusement ne les gêne nullement.

Pourtant le métier d'enseignant consiste d'abord à se poser cette question et à connaître les différentes réponses que les chercheurs y ont apportées. C'est, à notre sens, l'essentiel d'une formation professionnelle : toutes les considérations sur les « méthodes » n'ayant de sens qu'à partir des choix théoriques qui les fondent.

Quelles sont donc les théories sur ce domaine d'enseignement du français ?

La théorie dominante : Nina Catach

Depuis les années 1980, l'orthographe est le domaine réservé de la grande linguiste *Nina Catach*, qui fut longtemps directrice de l'équipe Heso, dans le cadre du CNRS à Nancy. Elle a proposé une étude du système orthographique français, débouchant sur la *notion de pluri-système,* classant tous les signes graphiques du français, à partir de l'hypothèse selon laquelle les signes écrits transcrivent majoritairement les sons de la langue parlée.

C'est ainsi qu'elle distingue les « phonogrammes », (signes qui transcrivent un son), les « morphogrammes » (signes qui ajoutent des éléments de signification, comme les désinences de verbes), les « logogrammes » qui traduisent non les sons du mot, mais le mot tout entier, les « lettres logogrammiques » (lettres étymologiques, « distinctives ») et les lettres hors système :

Cela se traduit par le schéma suivant :

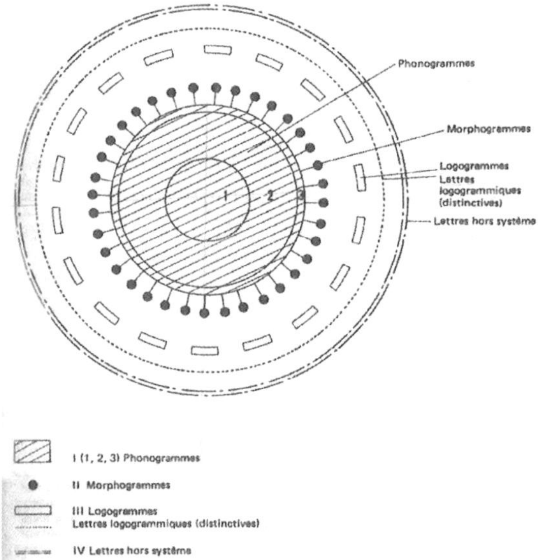

Si parfait qu'il soit, dans sa rotondité, et si complet et rigoureux que soit le travail qu'il synthétise, ce schéma laisse tout de même perplexe : pour qu'ils écrivent sans erreurs, il va falloir enseigner cela aux élèves ?

Pour parler familièrement, on n'est pas sorti de l'auberge !

De fait, je connais peu d'enseignants qui puissent vraiment s'en servir. On constate que ce schéma, et la théorie qu'il représente, sert surtout à classer les erreurs commises par les élèves : de multiples grilles plus ou moins simplifiées ont été mises au point par les collègues, notamment pour les épreuves de concours (CRPE) dont une épreuve consiste à classer les erreurs d'une copie d'élève.

Voici un exemple de ce type de grille : il s'agit d'une grille simplifiée élaborée par *Mireille Martinelli,* professeur à Toulouse.

Erreurs à dominantes phonographiques (transcriptions grapho-pnonologiques)	Altérant la valeur phonique	
	N'altérant pas la valeur phonique	
Erreurs à dominante morphogrammique	À dominante grammaticale : Confusion de nature Désinences verbales Accords	
	À dominante lexicale	
Erreurs à dominante logogrammiques	Homophones lexicaux et grammaticaux	
Erreurs à dominante idéogrammique	Majuscules Ponctuation Apostrophe Trait d'union	
Segmentation		

S'il est vrai que ce travail universitaire présente, pour la connaissance de la langue un intérêt incontestable, en revanche, on voit mal ce qu'il peut apporter sur la manière d'enseigner l'orthographe. Il n'est pas évident de construire, à partir du classement des erreurs, des pratiques pédagogiques permettant d'y remédier. Quant à utiliser le pluri-système comme direction de travail avec des élèves, notamment d'école primaire, une impression d'insurmontable complexité, vous arrête tout de suite : par quel bout l'attraper, comment faire, et comment l'intégrer aux activités d'écriture ?

Analyse pédagogique de cette théorie

Dès qu'on y regarde d'un peu près pour comprendre comment un travail universitaire de si haute qualité peut se révéler si difficile à « appliquer », on constate *deux choses :*

• le travail se situe au niveau des mots, et même au niveau des lettres, des unités qui composent ces mots. C'est dire qu'on n'est pas du tout dans la langue en action ; on est dans l'abstrait. Donc on est très loin des vraies difficultés d'écriture des enfants ;

• il s'agit d'un travail de classement, donc une théorie de type « descriptif » de l'orthographe, qui, en dépit de son intérêt, ne permet pas de « comprendre » son fonctionnement, et ne permet surtout pas de repérer à quoi sert l'orthographe. Or, seul un travail qui aboutit à la compréhension du fonctionnement peut accrocher la motivation – disons, l'intérêt – des élèves.

On sait depuis les travaux d'Yves Chevallard que le fait d'enseigner est un « jeu à deux » selon son mot, qui ne peut fonctionner qu'avec la participation de l'élève. Or, celui-ci ne peut participer que s'il comprend ce qu'on lui demande. Une théorie qui décrit un fonctionnement linguistique est donc inefficace pour l'enseignement. Il faut une théorie qui rende compte du **fonctionnement de l'orthographe dans la langue,** (et non dans ses éléments), et de son **rôle dans la communication.**

Ce début d'analyse confirme un fait encore peu admis aujourd'hui : les hypothèses des sciences fondamentales ne peuvent être celles de l'enseignement. La pédagogie est une science – humaine certes, mais une science – qui doit poser ses propres hypothèses pour définir ses pratiques. Elle n'est en rien une « application » des théories de la Recherche fondamentale. Elle se doit de connaître ces dernières, elle peut les utiliser toutes ou en partie, mais elle ne leur est en rien soumise.

La conséquence de ceci est qu'il faut **poser une autre hypothèse.**

Et pour la définir, il est nécessaire d'observer l'orthographe, avec un autre regard, telle qu'elle apparaît dans les textes et dans tout notre environnement.

Quatre questions qui orientent vers une autre hypothèse

Première question : *comment sont écrits les messages qui nous entourent ?*

Commençons par nous amuser : voici deux affirmations extraites des déclarations d'accidents reçues par les compagnies d'assurances et rapportées dans le bêtisier des lettres d'assurances.

« La dame était pleins fards ; forcément ça m'a ébloui, et j'ai perdu le contrôle de ma voiture. »

« Sitôt l'accident, le témoin a été mangé ; ça explique qu'il n'ait pas pu signer... »

Où l'on voit que les variations orthographiques peuvent avoir des effets autrement plus drôles que les habituelles sanctions...

Il n'est pas sans intérêt de voir les modifications de sens apportées par les modifications de graphie qui constituent une excellente occasion de faire apparaître aux élèves l'importance de l'orthographe : on a pu observer depuis longtemps que les difficultés qu'ils connaissent en orthographe viennent moins de la complication de celle-ci, que du refus qu'ils lui opposent, dans la mesure où ils ne voient pas du tout à quoi elle sert. Sur des exemples comme ceux-ci, ils découvrent que l'orthographe est une aide importante à la lecture, et qu'elle contribue puissamment à la **construction du sens,** en levant les ambiguïtés possibles.

On objecte en général que cela ne fonctionne pas toujours : certaines graphies n'existent pas en français, et, dans ce cas, l'ambiguïté de sens n'apparaîtrait pas. Ce raisonnement n'est valide qu'en apparence, ainsi que le démontre l'exemple suivant : une annonce d'un journal parisien se présentait récemment ainsi :

Accor avec la Générale

La Société Générale de Belgique a annoncé à la Société des Bourses françaises qu'elle avait franchi le seuil des 10 % dans le capital du groupe français Accor, huitième chaîne hôtelière du monde.

Principal actionnaire d'Accor, la SGB détient désormais 10,96 % des actions du groupe, contre 9,40 auparavant.

Accor emploie 62.000 personnes dans 58 pays et prévoit pour cette année, un chiffre d'affaires de 17 milliards de FF et un bénéfice de 575 millions de FF. Accor a prévu d'ouvrir 10.000 chambre d'hôtels cette année, en plus de 90.000 chambres que le groupe possédait déjà.

Certes, le mot « Accor » n'existe pas en français ; mais on constate que le lecteur l'interprète alors comme un nom propre, hypothèse que vient renforcer la majuscule du mot « Générale ». Si l'on analyse le sens ainsi construit, on constate qu'il apparaît comme un effet de surimpression entre les deux orthographes : « accord » et « Accor », renforcé par l'ambiguïté du mot « générale ». Cette ambiguïté est levée dès qu'on fait attention à la majuscule et au fait que cet adjectif a des marques inattendues de féminin. (Et quand on pense que certains manuels de lecture suppriment les majuscules pour faciliter les choses !)

La variation orthographique joue ici à plein, pour produire un message à la fois économique et plaisant.

Voici un autre exemple, extrait d'un magazine Télé, où apparaît nettement le rôle des fameuses « lettres qui ne servent à rien » (selon la formule de certains manuels de lecture anciens, mais, qui sont, comme on sait, curieusement en train de revenir à la mode !...): le mot « mors » est à distinguer avec soin du mot « mort ».

20.45

LA DERNIÈRE SÉANCE

20.50

LE MORS AUX DENTS*

23.05

LE MORT RÉCALCITRANT*

Les exemples présentés jusqu'ici évoquaient l'orthographe dite « d'usage ».

Avec le suivant, on observe que l'orthographe dite « grammaticale »[1] joue aussi son rôle : il s'agit de deux vers extraits du poème de Leconte de Lisle : « Les éléphants »

Et la girafe boit, dans les fontaines bleues
Là-bas, sous les dattiers des panthères connus.

C'est l'orthographe de « connus » qui permet de comprendre le sens de la phrase : ce sont les dattiers qui sont connus des panthères et non les panthères ! L'orthographe ici un rôle essentiel de **mise en relation des mots entre eux.**

Pour aller plus loin, étudions ce texte de Lewis Carroll :

Il était grilheure ; les slictueux toves
Sur l'alloinde gyraient et vriblaient.
Tout flivoreux vabaient les borogoves :
Les verchons fourgus bourniflaient.[2]

1. Voir plus loin la critique de cette opposition.

2. Lewis Carroll, *De l'autre côté du Miroir,* traduction : A. Parisot, Gallimard, 2006.

D'où vient que ce texte, apparemment incompréhensible, est cependant perçu comme un texte écrit en français, et même qu'il est susceptible d'être analysé du point de vue grammatical : les verbes, leurs sujets sont parfaitement identifiables[3], ainsi que la fonction des autres groupes de mots : on peut même repérer un sujet inversé, avec un adjectif mis en apposition… On pense d'abord que c'est à cause de mots français et de terminaisons françaises de verbes : « bourniflaient » par exemple…

Toutefois, si l'on observe l'exemple suivant :

Ile est tait grille heurt ; lait slictueux tove
Sûre la loinde gyrêt et vriblaie.
Toux flivoreus vabait lé beaux rogove :
Laid verres chont four gus bourre n'y flaient.

On n'a plus ici qu'un amas de mots impossible à interpréter ; pourtant, les mots « français » sont plus nombreux que dans l'autre texte. Malgré cela, on observe que les terminaisons ne permettent plus de repérer quoi que ce soit, ni les verbes, ni les groupes fonctionnels.

On comprend alors que ce ne sont pas les mots isolément qui donnent du sens, mais le **type de relations** que l'on peut établir entre eux[4]. Or, ces relations, ce sont les marques orthographiques, variant ensemble, qui permettent de les repérer. Dès qu'on ne peut repérer de simultanéité, les variations deviennent impossibles à interpréter.

Ce ne sont donc pas les terminaisons qui signifient, mais le fait qu'elles varient ensemble.

On pourrait multiplier les exemples : la Presse, la Publicité, les médias en général, en sont une mine quasi inépuisable. Contrairement à ce qui a pu être dit parfois, ce ne sont pas là des détails ou des anomalies, mais bien une donnée fondamentale du fonctionnement de l'orthographe : les marques orthographiques sont autant d'indices à prendre en compte pour comprendre en lecture.

Impossible, dès lors, de continuer à penser que l'orthographe transcrit les sons du langage. C'est en réalité le contraire : les lettres les plus importantes

3. Ce qui prouve que la nature, comme la fonction grammaticale ne sont pas définies par le sens des mots… !

4. Où l'on voit au passage que l'apprentissage de la lecture ne peut se faire à partir de collections de mots appris d'une manière ou d'une autre… C'est à partir d'écrits effectifs, sociaux, que peut se construire le savoir lire…

en français, sont celles qui « ne se prononcent pas » (la formule est ici entre guillemets, car le verbe « se prononcer » est fort discutable : aucune lettre ne se prononce, puisque ce sont des petits dessins : elles correspondent, ou non, à des phonèmes, ce qui est nettement différent).

L'orthographe semble bien être **une affaire de sens et de lecture,** au moins autant que d'écriture. Cela est si vrai que souvent, à l'oral, on est amené à épeler le mot écrit, pour bien se faire comprendre : « Un enfant apprend plus de ses pairs, que des adultes », affirment les psychologues, qui, en général, à l'oral, vont préciser : « pairs, p, a, i, r, ».

> L'orthographe apparaît donc bien distincte de la relation phonies-graphies, ce qu'on appelle la « combinatoire ».

Deuxième question : *Quelle relation unit la « combinatoire » (la relation lettres/sons) et l'orthographe ? Étude synchronique et diachronique*

Contrairement à ce qui est dit parfois, ces deux termes ne sont point synonymes. Il s'agit de notions différentes, mais unies par des relations qu'il convient d'éclairer.

Orthographe et combinatoire correspondent chacune aux réponses données à la question : « Comment la langue française utilise-t-elle les lettres et les signes de son alphabet ? »

Qu'appelle-t-on la combinatoire ?

La combinatoire n'est pas le déchiffrage.

Le premier point à éclairer, c'est la différence entre ces deux mots volontiers confondus. Le mot *« déchiffrage »,* – le suffixe permet de le prévoir ! – désigne une activité d'utilisation de la combinatoire, et ne saurait être interprété comme un synonyme de celui-ci. En fait, *le déchiffrage, c'est une certaine manière de se servir de la combinatoire*, manière peu efficace puisqu'elle intervient avant la compréhension, et puisqu'elle s'effectue de façon mécanique, et linéaire, alors que la lecture n'est ni l'un, ni l'autre.

La *combinatoire* est le système d'organisation des unités de la langue. On sait que ce système, comme pour n'importe quelle autre langue, se présente comme une structure à deux étages, un premier étage d'éléments, comme les mots, porteurs de significations possibles, qui renvoient aux données de l'expérience (ces données sont appelées les *référents),* et un second étage d'éléments non porteurs de significations, comme les lettres, les signes de l'écrit, et les unités sonores de l'oral. Cette caractéristique est appelée *« double articulation du langage »*[5].

Rappelons que, par ce terme, on entend le fait que la langue, dont la tâche est de véhiculer du sens, est en fait composée d'éléments qui n'en ont pas en eux-mêmes, mais qui peuvent en produire par leur présence dans des ensembles définis par le nombre et l'ordre de ces éléments. Cette double articulation apparaît aussi bien à l'oral qu'à l'écrit : les unités spécifiques de l'oral, les *phonèmes*[6], n'ont pas de sens en eux-mêmes, mais ils en produisent par leur nombre et par leur ordre. À l'écrit, les choses sont un peu différentes et surtout beaucoup plus compliquées : comme il s'agit d'un système secondaire par rapport à l'oral (les langues ont été parlées avant d'être écrites), les unités de deuxième articulation, les *graphèmes,* renvoient, en principe, aux unités correspondantes de l'oral. Mais, comme on le verra plus loin, l'histoire de l'écriture du français a introduit, dans cette traduction, des éléments qui renvoient à autre chose que la prononciation.

Disons donc que le rôle de la combinatoire est d'être d'abord un « marqueur de prononciation » de l'écrit.

Quant à l'orthographe, il apparaît de plus en plus nettement qu'elle a un rôle différent. On se rend compte en effet qu'assimiler orthographe et combinatoire, c'est créer des difficultés énormes, puisque la correspondance « lettres/sons » est plurielle (comme on le verra plus loin, pas un des sons de la langue n'est transcrit par une seule lettre), et qu'on est contraint de poser de nombreux cas d'exceptions fort compliqués à retenir *(voir le plurisystème de N. Catach).*

En fait, c'est aussi oublier la différence *signifiant/signifié.*

Contrairement à ce qu'une croyance coriace laisse penser, quel que soit le type de transcription, on ne transcrit jamais le *signifiant d'un message,* mais toujours son *signifié* (sauf si on ne le comprend pas : par exemple, si on a à transmettre un message crypté, c'est le signifiant qui sera mémorisé et communiqué). Le seul cas de transcription du signifiant, c'est le *rébus,* qui, comme on sait, n'est qu'un jeu, amusant sans doute, parce que, précisément, sa lecture est fort difficile.

Comparez « 80 » et « quatre-vingt », ce sont là deux signifiants d'un même signifié ; et personne n'irait rechercher à l'intérieur de « 80 », les équivalents précis de « quatre » et de « vingt ». Lorsqu'on écrit : *5+3 = 8,* on ne va pas chercher dans « 8 », les transcriptions de 5 et de 3. Et lorsque j'écris à quelqu'un : « Je vous aime », ce ne sont pas les sons articulés à l'oral qui m'importent, mais bien le sens du message : les groupements de lettres et

5. On doit cette notion au linguiste André Martinet, (cf. bibliographie).

6. Ce terme est explicité au point suivant.

de signes que je vais utiliser ont bien essentiellement comme fonction de traduire le sens de mes propos, pas leur forme orale !

Ceci est parfaitement confirmé historiquement. Dès le début de l'écriture du « français », ce sont des signifiés que l'on a cherché à transcrire, non ce qu'on entendait, mais ce qu'on avait à comprendre.

Petite promenade autour de l'histoire de l'écriture du français

Depuis la conquête romaine, jusqu'au début du IXe siècle, l'écriture n'était que latine, même si la parole orale s'éloignait de plus en plus du latin chaque jour : les Ve, VIe et VIIe siècles après J.-C. virent apparaître une période de barbarie et de ténèbres, (F. Brunot[7]), notamment, mais pas seulement, en matière de langue :

> *Les derniers écrivains qui savaient le latin classique meurent (Saint Avit en 525 ; Fortuna, italien d'origine, vers 600). Ni clerc, ni laïques ne possèdent plus le latin, même post-classique (Grégoire de Tours, 544-595). On répète les formules liturgiques le plus souvent sans les comprendre. Documents, lois, diplômes, formules, se rédigent dans un latin dégénéré et barbare, le bas-latin, les Gallo-Romains parlent la lingua romana rustica et les envahisseurs, le germanique.*

À partir du VIIIe siècle, la langue romane commence à exister vraiment, ainsi que l'attestent les Gloses de Reichenau, où l'on trouve des mots romans interprétant des mots latins ou germaniques. À la fin du siècle, Charlemagne fonde l'École du Palais, avec l'aide d'Alcuin qui est près de lui jusqu'en 796 et d'autres maîtres venus surtout d'outre Manche. C'est une école entièrement latine : « la langue vivante est exclue des écoles pour dix siècles » (F. Brunot).

Cette langue va commencer à s'écrire à partir du IXe siècle sous l'influence des décisions du Concile de Tours (813), qui ordonna aux prêtres de prêcher en langue populaire, les sermons en latin n'étant plus compris du tout par les fidèles. Elle apparaît dans un texte officiel pour la première fois en 842, sur le fameux Serment de Strasbourg, signé par les fils de Louis le Pieux (mort en 841), Louis le Germanique, qui jura en langue romane, et Charles le Chauve, en germanique. Quant aux textes littéraires, le premier est un poème de trouvère : « la Séquence de Sainte Eulalie » qui date du Xe siècle. Tout au long des XIe et XIIe siècle, elle va se répandre, sous la forme de

---

7. Notamment dans sa volumineuse *Histoire de la langue française*, Colin, 1966 et le *Précis de grammaire historique*, élaboré en coll. avec C.-H. Bruneau, rééd. Ulan Press, 2012. Tous nos propos sur l'histoire de l'écriture du français sont largement redevables à ce dernier ouvrage.

divers dialectes, dans des chansons et poèmes, et dans des traductions et gloses de textes hébreux, de poèmes didactiques et de textes bibliques.

Si l'on cherche à caractériser la fonction de ces premiers écrits en langue romane, on voit bien que c'est, dans tous les cas, **une écriture pour soi :** il s'agissait de notes destinées à soutenir la mémoire de textes essentiellement destinés à être dits. Ce n'est pas du tout une écriture de communication, laquelle se faisait par l'oral. Elle n'avait donc pas à être soumise à un quelconque code social : l'orthographe n'était nullement nécessaire et chacun se fabriquait un système plus ou moins personnel, pour pouvoir se relire, *– exactement comme nous faisons aujourd'hui lorsque nous prenons des notes lors d'une conférence.*

Ce qui prouve que le sens était premier, ce sont les incohérences maintes fois relevées dans les manuscrits de cette époque, où l'on observe que le même mot peut parfaitement être écrit dans le même poème de trois ou quatre manières différentes.

Ce n'est qu'à partir du XIIIe siècle que l'écriture de la langue romane va prendre une fonction de communication, officielle d'abord (les premiers actes datent de 1204, Douai ; 1206, Tournai ; 1212, Metz) puis de courrier personnel (1238). Marco Polo dictera en français le récit de ses voyages (1298). Et cette fonction nouvelle va entraîner automatiquement des besoins de codification et de fixation. C'est que la communication qui s'installait mettait en relation des gens ne parlant pas forcément tout à fait la même langue romane : une très importante diversité se faisait jour, et dans les prononciations, et même dans les structures linguistiques ; si bien que l'écriture n'avait aucun intérêt à serrer la prononciation de trop près. Très vite, ceux qui écrivaient ont cherché des moyens de rendre les mots écrits compréhensibles par n'importe quel destinataire. Le meilleur de ces moyens se trouvait naturellement dans le seul domaine encore à peu près commun, les souvenirs – même flous – du latin ; d'où le recours à des lettres, apparemment superflues du point de vue de la prononciation, mais qui évoquaient le mot latin d'origine. La prétendue complication de notre orthographe trouve là sa cause première, et l'orientation fondamentale de son fonctionnement, qui est d'**être une langue, non pour l'oreille, mais pour l'œil,** avec des signaux visuels pour aider à comprendre.

Parallèlement, bien sûr, on a cherché à unifier la prononciation : le premier traité de prononciation et d'orthographe française (rédigé par un Anglais étudiant à Paris) date de la fin du XIIIe siècle. Ce type d'ouvrage va même se répandre en Angleterre, avec le recul du français devenu langue étrangère dans ce pays. Mais ces efforts vont rester vains, tant il est vrai qu'on ne peut jamais vraiment légiférer en matière de langue surtout orale. Ce ne sont pas les tentatives qui vont manquer, certes, dans l'histoire de notre langue, mais en dépit de tous les ukases, l'usage finit toujours par l'emporter ; la langue est une réalité vivante, dont l'évolution peut être freinée (et encore... !) mais jamais stoppée.

L'apparition de l'imprimerie (1477) constitue un tournant capital dans l'histoire de la langue : outre qu'elle va nécessairement contribuer à en fixer l'image graphique, elle fait de la langue du Roi la seule langue admise, au détriment des patois qui ne seront jamais imprimés et qui ne s'écriront pratiquement jamais non plus. Et c'est avec l'ordonnance de Villers-Cotterets (1539), prescrivant l'emploi exclusif du français dans toutes les pièces judiciaires du Royaume, que le français gagne enfin son statut de langue écrite, aux dépens du latin qui perd celui de langue vivante. Mais cette victoire, liée au grand renouveau du XVIe siècle, a comme conséquence quasi immédiate une étonnante floraison de législateurs linguistiques innombrables et de grammairiens de tout poil, floraison qui ne va pratiquement pas cesser jusqu'au XIXe siècle, et qui sera responsable d'un immobilisme de notre langue, véritablement désastreux durant deux siècles et plus.

Quelques dates importantes dans ces publications

1540 : À côté du « Traité de la ponctuation de la langue françoise plus des accents d'ycelle » d'Étienne Dolet, paraît le premier dictionnaire français-latin dont l'auteur est Robert Estienne. Ce dictionnaire présente une importance énorme dans les orientations futures de l'orthographe française, car les principes qu'il y présente seront des dogmes pour tout le XVIIe siècle, y compris l'Académie française. Ces principes sont :

- le mot français doit rappeler autant que possible le mot latin d'où il dérive : on distinguera « quant » (qui vient de *quantum*) de « quand » (qui vient de *quando*), etc. ;
- le mot français doit se rapprocher autant que possible des autres mots de la même famille : c'est pour cela qu'il écrit « grand » avec un -d à cause de « grandir » et « grande » ;
- deux mots de même son, mais de sens différents doivent être écrits avec des orthographes différentes : aussi écrit-il le « a » du verbe avoir avec un h- : il ha, pour le distinguer de la préposition. Plus tard, c'est un autre système qui l'emporta. Mais le souci de les distinguer est resté ;
- le principe essentiel est qu'on ne doit pas changer les habitudes établies.

Ces célèbres principes de R. Estienne ont fait l'objet de sarcasmes innombrables, le dernier surtout. Or, il me semble qu'il est temps de lui rendre justice enfin et de noter ce que ces principes, apparemment étonnants pour ne pas dire ridicules, ont (sans doute involontairement, mais tant pis !) d'intelligent et de moderne. En insistant sur la notion de famille de mots, et d'étymologie (même si les erreurs ont pu être nombreuses à l'époque et même récemment !), et en éloignant l'orthographe de la prononciation, Estienne conférait résolument à l'écriture du français un statut de « langue pour les yeux », favorisant les conduites de lecture en facilitant l'absence de subvocalisation.

Deuxièmement, en posant cette interdiction étrange, de changer quoi que ce soit aux habitudes établies, il révèle une géniale intuition de ce que doit être une langue écrite. Les fonctions de cette dernière sont, en effet, très différentes de celle de l'oral : si celui-ci a le charme de la variété et de l'évolution, ce qui nuit par ailleurs à son pouvoir de communication, l'écrit, en revanche, se doit de rester stable et semblable à travers l'espace et à travers le temps, faute de quoi il n'a plus de raisons d'être.

Ce n'est pas par conservatisme que nous disons cela, c'est au contraire, une donnée évidente, si l'on veut permettre à tous l'accès le plus libre possible aux écrits de notre histoire.

De fait, si l'on associe l'orthographe aux variations de la prononciation, un problème se pose nécessairement : la prononciation de qui doit-on choisir ? Devra-t-on prévoir plusieurs orthographes du français, une pour le Québec, une pour la Belgique (et encore, en faudrait-il une pour Bruxelles, une pour Liège, une pour Tournai etc. !). Et si l'on n'en choisit qu'une, laquelle l'emportera, et au nom de quoi ? On le voit, la solution n'est pas facile. Aussi, les efforts pour réformer l'orthographe sont-ils toujours fort affligeants, car ils révèlent un raisonnement un peu court sur le rôle social de la chose écrite.

De telles orientations n'étaient sans doute point conscientes chez R. Estienne, et l'on peut même affirmer sans crainte de faire erreur, que ses motivations personnelles étaient fort différentes et fort éloignées de notre analyse. Il n'en reste pas moins que l'effet a été celui-là, et que cela a permis – n'en déplaise aux grincheux – de limiter les dégâts causés par les initiatives discutables lancées par la suite.

Poursuivons notre promenade dans le temps

1542 : Louis Meigret expose un système rationnel d'orthographe.

1549 : J. Du Bellay publie *La Deffence et Illustration de la langue françoise.*

1550 : Jean Pillot compose une grammaire française pour la Cour de Bavière.

1596 : Dictionnaire des rimes françoises, par Odet de la Noue (œuvre capitale pour l'histoire de la prononciation et de la versification françaises).

1605 : Création du *Mercure de France*, premier journal français.

1606 : Malherbe est à Paris et commente devant ses disciples, Racan et Maynard, les œuvres de Desportes, son ennemi. C'est lui qui pose les règles définissant la « bonne langue », celle des gens du monde, d'où sont exclus les parlers provinciaux, le parler du peuple, les vocabulaires des techniciens, des professeurs, des médecins et des juristes, installant ainsi des siècles de normativité absolue, et d'intégrisme langagier, dont nous avons encore aujourd'hui à souffrir… Mais rien sur l'orthographe !

1631 : Création de *La Gazette* de Renaudot.

1647 : Vaugelas publie ses Remarques, où il définit « le bel usage », celui de la Cour et de la haute société parisienne. Quant à l'orthographe, il en parle pour défendre les principes de R. Estienne : il réussit à imposer des orthographes différentes pour « dessin » et « dessein », pourtant issus d'une même origine latine : *dissignare,* de *signum*, le signe ; de même il préconise qu'on écrive « exaucer » et « exhausser », les deux variantes sémantiques du même mot de latin ecclésiastique *exaudire*, écouter et exalter en réalisant des vœux. D'autres propositions n'auront pas de succès : par exemple, différencier les emplois mathématique et littéraire du mot « parallèle ». Aléas de l'Usage… !

1650 : Début des recherches en matière d'étymologie, avec *Les origines de la langue françoise* de Ménage.

1655 : On signale un concours d'orthographe entre écoles qui forment des petits clercs et des employés. L'orthographe est un objet de débats importants chez les typographes, mais reste sans aucun intérêt dans le monde.

1674 : Boileau impose dans son Art Poétique le respect absolu de la langue et des règles rigides de la versification, mais l'orthographe ne l'intéresse pas vraiment.

1694 : Dictionnaire de l'Académie Française ; Mezeray affirme dans la présentation : « La Compagnie déclare qu'elle désire suivre l'ancienne orthographe qui distingue les gens de lettres d'avec les ignorants et les simples femmes (!) ».[8]

Au XVIIIe siècle, les querelles sur l'orthographe s'amplifient : Voltaire et Montesquieu les trouvent sans intérêt et écrivent comme ils veulent. Rollin demande que les maîtres d'un même collège, au moins, se mettent d'accord sur l'orthographe qu'ils préconisent (!). L'usage de la ponctuation commence à se répandre.

1716 : L'abbé Girard publie : *L'ortografe francèse sàns eqivoqes et dàns sés principes naturels*.

1734 -1745 : Période à la fois de nouvelle préciosité langagière (Salons de Mmes de Lambert, de Tencin, Geoffrin) et de goût pour le parler poissard : le roi et la Du Barry parlent volontiers « peuple », le Dauphin dit des gros mots !

1750 : Prospectus de l'Encyclopédie. L'œuvre commence à paraître l'année suivante ; elle contribuera entre autres, à réhabiliter les vocabulaires scientifiques, artistiques et techniques.

1782 : Publication de *L'orthographe des Dames, ou l'orthographe fondée sur la bonne prononciation* par de Wailly, (la seule raisonnable, selon son auteur !)...

1784 : Parution du *Journal de la Langue Françoise*, créé par Domergue qui jouera un grand rôle sous la Convention, dix ans plus tard, au Comité d'instruction publique.

1795 : Sicard, professeur de grammaire propose un nouveau système de notation des sons de la langue ; proposé à l'École normale supérieure en l'an III, ce système est refusé.

Au début du XIXe siècle, on ira jusqu'à proposer le recours à d'autres signes, empruntés à l'alphabet grec : le lambda et le gamma pour transcrire le /**g**/et le /**j**/**...**

De nos jours, périodiquement, on parle de réformer l'orthographe, et ce projet ne va jamais bien loin : nous en avons vu plus haut les raisons ; tout au plus, apparaissent parfois quelques listes de mots dont les doubles consonnes ou les accents circonflexes sont allégés, oubliant que ce n'est jamais là que se situent les difficultés des élèves [9].

8. Superbe formule, n'est-ce pas ? On a ici confirmation des vraies motivations de l'époque. Mais comme on le verra plus loin, si les données sociales d'une époque changent, les mêmes propositions peuvent défendre une idéologie opposée...

9. Ce point est développé dans la deuxième partie de l'ouvrage.

Pour résumer notre promenade historique, on peut dire que l'histoire de l'écriture du français et de l'orthographe a connu quatre époques

Les origines : *l'écriture est pour soi, pour soutenir la mémoire ;*

XIIIe → XVIe siècle : *l'écriture sert à communiquer de façon politique, administrative et judiciaire ; c'est un domaine d'initiés.*

XVIe → XVIIIe siècle : *l'écriture est devenue un privilège et un terrain de jeux et de loisirs pour les gens de la haute société ;*

XIXe, XXe et XXIe siècle : *l'écriture devient un problème de masse et donc d'enseignement.*

Une question, à la jointure de l'écriture et de l'orthographe, continue à faire débat : le rôle des accents, notamment sur les majuscules

L'usage, on le sait, est d'éviter de placer des accents sur les majuscules.

Et pourtant…

Quand on rencontre, sur la Une d'un journal à scandale, le titre suivant :

QUEL EST DONC CE MACON DE MACON QUI A TUE SA FEMME ?

Force est de dire que l'absence d'accent et de cédille pose de réels problèmes de compréhension, avant d'admettre qu'il s'agit sans doute d'un maçon de Macon qui a tué sa femme !

Et quand on vous parle de cet OUVRIER SANS TACHE, peut-on dire s'il est au chômage ou propre comme un sou neuf ?

S'il est question de COTES : sont-elles mal taillées (COTES) ? flottantes (CÔTES) ? ou bien s'agit-il de croquis (COTÉS) ? des bords de la route (CÔTÉS) ?

En fait, l'origine de cette pratique se trouve dans les anciens problèmes d'impression, notamment dans l'utilisation de caractères de plomb à taille fixe. La hauteur d'une capitale accentuée étant supérieure, la solution était alors soit de graver des caractères spéciaux pour les capitales accentuées en diminuant la hauteur de la lettre, soit de mettre l'accent après la lettre, soit simplement de ne pas mettre l'accent. Les machines à composer étant d'origine anglo-saxonne (Monotype, Linotype), il n'était pas prévu de mettre des accents sur les capitales.

Il est vrai que souvent, le contexte permet de choisir l'interprétation adaptée. Mais pas toujours, comme on vient de le voir. Surtout, dans le cas des noms propres, dont les règlements administratifs exigent l'écriture en majuscules, cette absence n'est pas sans créer quelques gags ou confusions plus ou moins graves. Il est tout de même fâcheux de ne pouvoir distinguer FAURE (Edgard) de FAURÉ (Gabriel)

Autre inconvénient : l'omission des accents sur les majuscules risque, pour ceux qui ne les connaissent pas, d'imaginer des accents sur les noms d'ELUARD ou de CLEMENCEAU, accents qui seraient impropres dans ces deux cas.

À noter, que par glissement, par contagion, cette habitude paresseuse s'étend bien souvent aux minuscules elles-mêmes ; on peut s'attendre à voir écrit un jour dans Telerama [teuleurama], un texte du genre : « la piece a ete creee cet ete a la tele ».

Il existe pourtant une documentation précise sur ce sujet.

> On peut citer le *Memento typographique* de Charles Gouriou[10] qui affirme : « [...] *Les majuscules ne prennent pas l'accent.* Ainsi avance-t-on une prétendue *loi typographique* qui ne masque souvent que la négligence. La typographie est au service de la langue qu'elle ne saurait appauvrir en rien. Or l'accent appartient à la langue elle-même. Indispensables au sens ou à la prononciation, les signes orthographiques que sont les accents enrichissent le français de douze voyelles (dix-huit au lieu de six). Il s'ensuit que la lettre accentuée a sa valeur propre et toute confusion ou omission d'accent est imputée à une erreur, parce qu'elle fausse l'orthographe et même l'idée exprimée. [...] S'il importe de préserver l'art typographique, il est essentiel aussi de ne priver la langue d'aucune ressource. Éclairé par le contexte, le lecteur n'est pas toujours sensible à ces fautes trop fréquentes, mais combien de titres entraînent des faux-sens ou des contresens ? Lisant le titre : LES ENFANTS LEGITIMES DE LOUIS XIV, qui peut savoir s'il s'agit des *Enfants légitimes* ou des *Enfants légitimés* ? Et LE MAINTIEN DES RETRAITES ou LE MAINTIEN DES RETRAITÉS sont des problèmes différents de même pour L'EXAMEN DE L'INTERNE et L'EXAMEN DE L'INTERNÉ. »

Quelques années auparavant, Maurice Grévisse rappelait fermement :

> « Dans l'écriture manuscrite, on néglige souvent de mettre les accents sur les majuscules, ou même sur les capitales, ce qui est fâcheux [...] les accents, ainsi que la cédille, se mettent aux majuscules ».

10. Charles Gouriou, *Mémento typographie,* Cercle de la librairie, 1990.

Et sur le site de l'Académie française[11], patron — justifié ou non — des usages sociaux de la langue, on trouve ceci :

> « [...] Quant à l'utilisation des accents sur les majuscules, il est malheureusement manifeste que l'usage est flottant. On observe dans les textes manuscrits une tendance certaine à l'omission des accents. Il en va de même dans les textes dactylographiés, en raison notamment des possibilités limitées qu'offrent les machines traditionnelles. En typographie, enfin, certains suppriment tous les accents sur les capitales sous prétexte de modernisme, en fait pour réduire les frais de composition. Il convient cependant d'observer qu'*en français, l'accent a pleine valeur orthographique*. Son absence ralentit la lecture, fait hésiter sur la prononciation, et peut même induire en erreur. On veille donc, en bonne typographie, à utiliser systématiquement les capitales accentuées, y compris la préposition *À*, comme le font bien sûr tous les dictionnaires, à commencer par le *Dictionnaire de l'Académie française*, ou les grammaires, comme le *Bon usage* de Grevisse, mais aussi l'Imprimerie nationale, la Bibliothèque de la Pléiade, etc. Quant aux textes manuscrits ou dactylographiés, il est évident que leurs auteurs, dans un souci de clarté et de correction, auraient tout intérêt à suivre également cette règle, en tirant éventuellement parti des ressources nouvelles que peuvent offrir les traitements de texte modernes. Il en va de même pour le tréma et la cédille. »

Il est amusant de constater que ces propos sont à la fois parfaitement conformes à ce qu'est la langue écrite, une langue pour les yeux, où chaque signe est une balise de sens et non seulement de prononciation, (si bien que toute modification des habitudes d'écriture devient une gêne à la lecture), et en contradiction avec certain souci de « simplification de l'orthographe », et les recommandations de la nouvelle orthographe... Comment justifier dès lors la suppression des accents circonflexes dans les minuscules ? *Foret,* et *forêt,* ont-ils le même sens ? Et où a-t-on vu que ce malheureux accent circonflexe soit un problème pour nos élèves ?

Mais ceci est une autre histoire.

Quoi qu'il en soit, notre promenade historique permet ainsi de faire *deux constats :* l'histoire de l'écriture, c'est l'histoire des propositions pour établir et/ou réformer l'orthographe : on a voulu la réformer avant même qu'elle ne soit installée et contrairement à ce qui est affirmé parfois, **il n'y a jamais eu d'âge d'or de l'orthographe.** En fait, très vite, ceux qui cherchaient à théoriser l'orthographe se sont heurtés à une contradiction importante, mais sans vraiment la prendre en compte pour trouver des solutions :

11. www.academie-francaise.fr

– d'une part, le fait que l'écriture se doit d'être stable, et dans l'espace et dans le temps (faute de quoi, l'accès aux œuvres écrites devient quasi impossible au plus grand nombre) ;

– d'autre part, le fait que la prononciation varie de façon très importante, aussi bien dans l'espace que dans le temps.

Ce qui laisse supposer que celle-ci devrait être séparée de celle-là...

On voit aussi que l'installation – tout comme la contestation – de l'orthographe ne sont pas dépourvus d'arrières pensées idéologiques et politiques. Ce qui explique les passions parfois violentes qui animent encore aujourd'hui les débats sur ce sujet.

Mais en même temps, on découvre que les mêmes principes peuvent correspondre à des idéologies différentes et même opposées, si les données sociales ont changé.

Aux XVIe et surtout XVIIe siècles, l'orthographe était conçue essentiellement pour que l'écriture, qui était un privilège réservé à une élite fort consciente de sa supériorité et soucieuse de la conserver, ne puisse surtout pas être accessible au peuple. Il fallait donc que l'orthographe fût difficile, pour que son utilisation fût une marque d'appartenance à la haute société.

On pourrait dire, en parodiant le langage d'aujourd'hui, que ceux qui contestaient cet état de choses le faisaient au nom d'une sensibilité « de gauche », et avec un souci de mettre l'écriture à la portée de tous. Les choses aujourd'hui sont complètement différentes : ceux qui réclament une réforme de l'orthographe, croient le faire dans un esprit de gauche ; en fait, ils ouvrent la voie à une nouvelle forme de mise à l'écart du peuple. C'est que le problème n'est plus un problème d'accès à l'écriture, mais, du moins chez nous, d'accès à la lecture du patrimoine culturel, et de maîtrise de la communication écrite.

Or, si l'orthographe change, la lecture des ouvrages publiés avant le changement ne sera possible qu'au prix d'un nouvel apprentissage, sorte d'épigraphie moderne : il faudra apprendre l'ancienne orthographe pour y avoir accès[12]. Certains le pourront, d'autres (et l'on devine lesquels) non. De deux choses l'une, ou bien on va proposer une petite réforme, et, comme toutes les précédentes, elle ne servira à rien (car les difficultés des élèves se situent dans un domaine impossible à modifier, le système verbal), ou bien, on en propose une radicale, et l'orthographe redeviendra un lieu de sélection et de rejet : bref, tout le contraire de ce qu'on croit !

12. Qu'on ne vienne pas ici prétendre que l'on réécrira en nouvelle orthographe la totalité de la Bibliothèque de France !

En fait, le vrai problème de l'orthographe aujourd'hui, est un problème de didactique et de pédagogie : **ce n'est pas l'orthographe qui est compliquée, c'est la manière de l'enseigner qui crée cette complication en faisant croire qu'elle renvoie à la prononciation, alors qu'il n'en est rien.** Si l'on pose l'autre présupposé théorique qui se dégage de nos analyses précédentes, on observe une réaction toute différente des élèves.

Troisième question : *Quelle est alors la place de la combinatoire dans le fonctionnement de l'écrit ?*

Pour répondre à cette dernière question, il faut commencer par en poser une autre.

Quels sont les sons du français ?

Longtemps, on a cherché la réponse à cette dernière question, du côté de la phonétique, et notamment du côté de la phonétique corrective, afin d'avoir une description correcte, correspondant à la « bonne » prononciation française. C'était commettre *deux erreurs :*

D'abord, vouloir définir une prononciation correcte, c'est oublier que la langue est un lieu de variations extrêmement importantes, notamment géographiques : il est évident pour tout le monde que l'on ne prononce pas le français de la même manière à Toulouse, à Paris, à Pointe à Pitre, à Québec, à Bruxelles, ou dans tout autre coin de la Francophonie. Mais cela ne veut pas dire pour autant, que ces différences soient des « fautes », même si elles ne sont guère admises facilement. Pourtant, aucune raison linguistique ne justifie qu'on privilégie telle région au détriment des autres ; définir, comme cela a été fait naguère, le « bon usage » comme celui du bourgeois parisien cultivé, est aujourd'hui inacceptable : au nom de quoi Paris pourrait-il être jugé supérieur aux autres régions ? La dévalorisation des accents régionaux n'est qu'une forme sournoise de racisme, tout aussi vilaine que les autres, plus peut-être, parce qu'elle se pare de motifs faussement nobles (défense de la langue française etc.) en oubliant que **l'on n'est gêné que par les accents qu'on n'a pas.** Cette gêne n'est rien d'autre qu'un refus de la différence, lequel peut s'inscrire dans toutes sortes d'autres formes : couleur de peau, façon de manger, de s'amuser, de s'habiller etc.

Or, l'accent est une caractéristique très intime de chacun, à laquelle on tient beaucoup. Le critiquer, le corriger, est une forme d'atteinte à la dignité de la personne particulièrement blessante et je pense qu'on n'a jamais le droit de commettre une telle indélicatesse. Certes, on sait bien que cette normativité éperdue nous a été imposée, il y a deux siècles, par la Révolution française d'abord, par l'école de la Troisième République ensuite[13], et que deux siècles de normativité et de conformisme langagier ne s'envolent pas comme une fumée ; mais il serait peut-être temps d'en sortir enfin, d'autant plus qu'on sait aujourd'hui que cette attitude normative est tout à fait inefficace en pédagogie.

En réalité, aucune langue n'a de prononciation commune à la communauté qui la parle. Des différences physiques, climatiques, des habitudes sociales, des données économiques, entraînent des comportements langagiers, des phrasés, des intonations, des accentuations différentes qui conduisent à des réalisations phonétiques sensiblement différentes d'une région à une autre, d'un même pays :

> *« Toutes les langues connaissent des variétés : un Bavarois ne parle pas comme un Prussien, un Anglais comme un Américain ou un Australien, il ne parle pas non plus comme un Écossais ou un Irlandais, un Égyptien, ne parle pas comme un Marocain, un Chinois de Pékin ne parle pas comme un Chinois de Hong Kong. Et pourtant les linguistes eux-mêmes n'hésitent pas à décrire* ***l'****allemand,* ***l'****anglais,* **le** *chinois,* ***l'****arabe, comme s'ils oubliaient cette diversité. Au-delà de cette diversité reconnue comme inhérente à toute langue, ils ont en effet, réussi à mettre en évidence une base commune (...) Qu'il s'agisse de l'anglais, du français, ou de tout autre idiome, une langue apparaît alors comme un instrument de communication tout à fait original et plein de contradictions, à la fois* ***divers,*** *puisque chacun le fait fonctionner à sa manière, et nécessairement* **unique** *pour que chacun puisse comprendre l'autre. »*[14]

Mais cela n'empêche pas qu'il y ait des caractéristiques essentielles à sauvegarder si l'on veut que l'énoncé soit compris d'un Français. Imaginons que je demande où se trouve un ami, et que l'on me réponde : « il est au bar », je comprendrai la même chose, si celui qui me donne l'information me la donne avec un [r] roulé comme en Bourgogne, ou grasseyé comme à Toulouse, ou palatal comme à Paris. Par contre, si la réponse est : « il est au bal », la signification ne sera plus la même. Pourtant, il y a moins de différence phonétique entre le [r] et le [l], qu'entre les trois [r] qui peuvent terminer « bar ». C'est que la langue française n'utilise pas cette différence des trois [r] comme différence **distinctive** pour le sens ; par contre, elle utilise la distinction [r]/[l] pour modifier le sens des mots qui les contiennent : « bourre/boule » ou « pire/pile » etc. On découvre ainsi que toutes les dif-

13. Ceci est développé dans l'ouvrage du même auteur : *Le « bon » français... et les autres,* Milan, chapitre IV, 1989, p. 101 et sqq.

14. H. Walter, *Le français dans tous les sens,* Robert Laffont, 1973.

férences de sons n'ont pas la même importance : certaines changent le sens des énoncés, tandis que d'autres ne changent que la situation géographique de celui qui parle ; et l'on peut même dire que ces dernières ne sont même pas toujours perçues par celui qui écoute.

> De ce fait, maîtriser une langue, devient : être capable de distinguer parmi les différences perçues, celles qui comptent pour le sens et celles qui ne comptent point. Ce qui compte, ce sont les différences qui entraînent des changements de sens.

Et ce sont ces différences-là qui constituent l'unité dont parle H. Walter dans l'extrait cité plus haut.

Ensuite, – et conséquemment à ce qui vient d'être dit, – c'est oublier que la phonétique n'a pas grand-chose à voir avec la maîtrise de la prononciation d'une langue, dans la mesure où, science descriptive, elle s'intéresse à toutes les différences perçues et perceptibles, quelles qu'elles soient, dans la langue qu'elle étudie. Ce dont on a besoin, au contraire, c'est d'une science qui rende compte des « différences pertinentes ». Dans toutes les langues, ces différences pertinentes constituent un système, qu'on appelle « système phonologique ». C'est pourquoi, la science dont on a besoin, pour apprendre l'oral d'une langue, n'est point la phonétique, mais la phonologie.

Quelles différences entre la phonétique et la phonologie ?

Ce sont deux sciences distinctes qui ont en commun d'étudier toutes deux les unités sonores d'une langue. Mais cette étude est menée différemment dans l'une et dans l'autre ; et sa fonction est tout autre.

• La *phonétique* est une science *descriptive,* dont l'objet d'étude est l'inventaire et le classement de toutes les réalisations sonores d'une langue. L'être humain, à partir des organes de la mastication et de la déglutition, produit, grâce aux mouvements respiratoires, des phénomènes acoustiques. Rien ne prouve que ces organes soient destinés à la parole, mais l'homme parvient à en systématiser le phénomène.

La phonétique qui étudie ce phénomène, se subdivise elle-même en deux sciences distinctes, selon la source d'informations qu'elle recueille pour cet inventaire : pour l'une, il s'agit d'observer ce qui se passe à l'émission des paroles, les organes mis en jeu, et comment ils produisent des sons ; c'est l*a phonétique articulatoire*, qui classe les sons en fonction des organes qui les produisent ; pour l'autre, il s'agit d'observer le produit de l'émission, en quelque sorte la réception des sons, grâce à des appareils d'enregistrement, et c'est *la phonétique acoustique* qui classe les sons en fonction de leur longueur d'ondes, de leur fréquence, etc.

• La *phonologie,* au contraire, est une science *explicative*, dont l'objet d'étude est le fonctionnement des unités sonores d'une langue, c'est-à-dire, du système qui permet à des sons de produire du sens. Chaque unité acoustique, jouant le rôle d'un chiffre de code, n'a de valeur que dans un des codes où elle est en opposition avec les autres unités choisies par le système. Ainsi, ce que vise la phonologie, c'est non un classement de ces unités sonores, mais *la construction du réseau d'oppositions distinctives qui permet la compréhension*. Ces oppositions distinctives ne concernent pas la totalité des composantes des sons du langage, mais certains traits dits *pertinents*[15], qu'il faut apprendre à repérer. En comparant entre elles plusieurs tranches phoniques, on constate, en effet, qu'on peut les segmenter en éléments distincts. C'est ainsi qu'on parvient à dresser le système phonémique entier d'une langue et tous les systèmes possibles.

Le schéma suivant permet de formaliser cette différence.

Phonétique	**Phonologie**
Science descriptive dont l'objet est l'inventaire et le classement de toutes les différences sonores perceptibles dans une langue donnée	Science explicative, dont l'objet est la construction du réseau d'oppositions pertinentes, grâce auxquelles les sons d'une langue peuvent produire du sens

Cet inventaire peut être effectué

⇩	⇩	⇩
soit du point de vue de leur ***émission*** : c'est-à-dire des organes phonateurs qui produisent les sons = ***phonétique articulatoire*** qui classe les sons en fonction de ces organes : (dentales, palatales, etc.)	soit du point de vue de leur ***réception***, à l'aide d'appareils enregistreurs = ***phonétique acoustique*** qui classe les sons en fonction de leur longueur d'onde, de leur fréquence, etc.	Il s'agit de repérer les différences « qui comptent » et celles qui « ne comptent pas » pour le sens ; ces différences pertinentes sont des ***traits distinctifs***, définissant les ***phonèmes***, que l'on peut repérer sur des ***paires minimales***, (mots qui ayant des sens différents, ne diffèrent que par un seul trait, comme « pain » et « bain »). L'ensemble constitue le ***système phonologique*** de la langue.

Enseigner l'orthographe autrement, Eveline Charmeux, Chronique sociale.

15. André Martinet (cf. bibliographie), donne le nom de « traits pertinents » à la caractéristique phonique (le « trait ») dont la présence ou l'absence dans la réalisation d'un phonème entraîne un changement de sens de l'unité significative.

Il est facile de comprendre que, dans ces conditions, **un phonème n'a rien à voir avec ce qu'on entend ;** c'est une construction mentale abstraite : il n'est donc pas question de les « sortir », comme le proposent les méthodes de lecture phonétiques (*par exemple,* la méthode « Le Sablier ») à partir d'une écoute, ni de compter combien il y en a dans un mot. Seul, un travail de comparaison de paires minimales, c'est-à-dire de mots ou expressions de sens différents, mais s'opposant seulement par un trait, peut aider les élèves à comprendre comment cela fonctionne.

On est ainsi amené à distinguer, parmi ces éléments pertinents :

- le « bruit », provoqué par l'air franchissant un obstacle au niveau du pharynx, qui permet d'opposer les *« sons-voyelles »* et les *« sons-consonnes »*[16] : ce bruit est toujours présent dans les sons-consonnes, et toujours absent dans les sons-voyelles, puisque la bouche reste ouverte pour les produire ;

- la présence/absence de vibrations des cordes vocales, qui permet d'opposer un phonème *sourd* (dépourvu de vibrations) et un phonème *sonore* (accompagné de vibrations) : « poule »/« boule », par exemple ;

- le passage/ou non de l'air par les fosses nasales, grâce à l'abaissement du voile du palais, qui permet d'opposer un phonème *nasal* et un phonème *oral* : « bain »/« main » ;

- le lieu du pharynx où le phonème est articulé : les lèvres, le dos du palais, le voile du palais, qui permet d'opposer les différents *timbres ;*

- le type d'obstacle rencontré par l'air au niveau de la bouche : obstacle qui ferme complètement la bouche, ou obstacle plus faible, qui permet d'opposer les *occlusives,* comme **[p],** ou **[k]** et les *fricatives* (on dit aussi : « constrictives »), comme **[f]** ou **[v],** les *liquide,* comme **[l]** ou **[R]**, mais aussi les *semi-consonnes.* On appelle ainsi des phonèmes qui peuvent jouer à la fois le rôle de voyelles ou de consonnes ; en français, elles ne jouent que le rôle de *consonnes*, (elles apparaissent comme des voyelles dans les langues qui ont conservé des diphtongues, comme l'anglais ou l'allemand, ce qui n'est plus le cas du français). Ces semi-consonnes sont **[w]** : « moi », **[j] :** « abeille », **[ɥ] :** « lui ».

Pour les voyelles, les traits pertinents se situent :

- au niveau du lieu d'articulation : en avant de la bouche ou en arrière, ce qui oppose les voyelles *antérieures* et les voyelles *postérieures ;*

---

16. Nous proposons d'utiliser ces termes, peu orthodoxes d'un point de vue scientifique, pour éviter la confusion possible avec les lettres qui portent le nom de voyelles ou de consonnes.

• dans le rôle joué par les fosses nasales, qui oppose les *voyelles orales* et les *voyelles nasales ;*

• dans le degré d'aperture de la bouche au moment de leur production, ce qui oppose les *voyelles ouvertes* et les *voyelles fermées.*

Pour comprendre d'où viennent toutes ces différences, nous proposons un tableau présentant les avatars de la colonne d'air qui sort des poumons.

D'où viennent les traits pertinents du système phonologique français ?

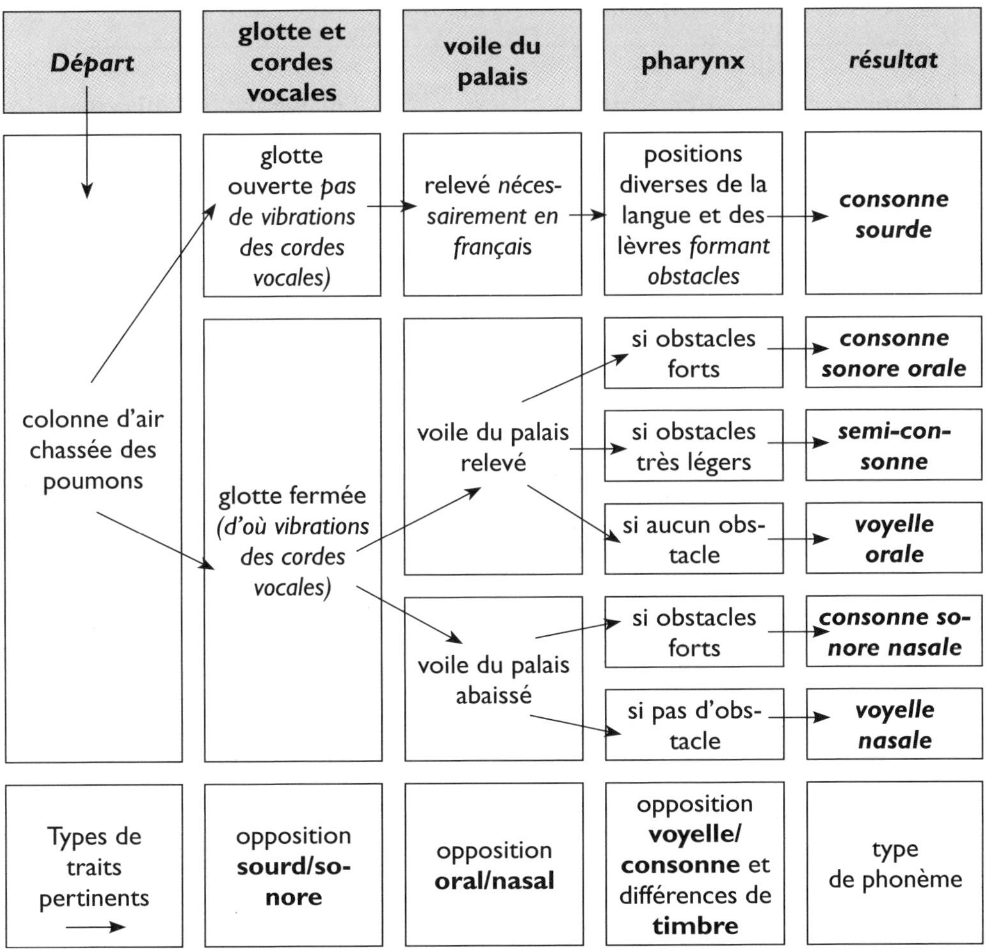

Enseigner l'orthographe autrement, Eveline Charmeux, Chronique sociale.

On peut regrouper toutes ces données dans un tableau de synthèse du système français :

M.A. / L.A.		**Consonnes sourdes**	**Consonnes sonores**	**Consonnes nasales**	**Semi-consonnes**
Labiales	Occl. Fric. Liqu.	[p] pain [f] faim	[b] bain [v] vin	[m] main	[ɥ] lui
Dentales	Occl. Fric. Liqu.	[t] thym [s] sein	[d] daim [z] zinzin	[n] nain	
Palatales	Occl. Fric. Liqu.	[ʃ] méchant	[ʒ] mes gens [l] mêlant	[ɲ] gagnant	[j] ayant
Vélaires	Occl. Fric. Liqu.	[k] quand	[g] gant [R] rang		[w] Louis

Abréviations utilisées :

L.A. = lieu d'articulation   Fric. = fricative

Liqu. = liquide

M.A. = mode d'articulation   Occl. = occlusive

Le tableau des voyelles, à partir des traits pertinents dégagés plus haut :

Lieu d'articulation	**Voyelles antérieures non labiales**	**Voyelles antérieures labiales**	**Voyelles postérieures labiales**	**Degré d'aperture**
Orales	[i] lys	[y] j'ai eu	[u] un clown	*fermées*
	[e] maison [ɛ] mer	[ø] peu [ə] je [œ] j'ai peur	[o] sot [ɔ] sort [a] femme	*ouvertes*
Nasales			[ɔ̃] pont	*fermées*
	[ɛ̃] brin	[œ̃] brun	[ɑ̃] paon	*ouvertes*

Il faut noter que ces tableaux présentent le réseau des principales oppositions pertinentes et non un état de toutes les possibilités de la prononciation française. En fait, le système phonético-phonologique est différent d'une région à l'autre[17], et il n'y a pas de normes en ce domaine. C'est pourquoi, nous pensons souhaitable de procéder à un certain nombre de neutralisations :

– l'opposition entre [ɛ̃] et [œ̃], le second étant complètement ignoré au nord de la Loire ;

– les diverses réalisations de la voyelle [a] dont la distribution est extraordinairement complexe, non seulement selon les régions, mais également, dans une même région. C'est, du reste pour cette raison que nous utilisons en général le signe de l'archiphonème [**A**], afin de supprimer ce type de différences qui n'entraîne aucun problème de sens dans l'ensemble de la Francophonie.

– les réalisations de [r], qui peuvent être tantôt palatale, comme dans la région parisienne, tantôt vélaire, comme dans la région de Toulouse, tantôt roulée, comme en Bourgogne, etc.

– la prononciation de [a], dont les règles sont extrêmement complexes et qui ne joue que peu de rôles dans la compréhension : les exercices à proposer ne doivent envisager que son rôle en finale, et plus du point de vue orthographique que phonologique ;

– la prétendue opposition entre [e] et [ɛ], dont la distribution est encore plus complexe que pour le [e] ou le [**A**], et qui ne joue aucun rôle dans la compréhension, certaines régions prononçant [ɛ] en syllabe ouverte dans tous les cas : « un navet » comme « un ave » et d'autres, [ɛ] partout. Quant à ceux qui les différencient, comme les Parisiens, il s'agit d'une différenciation selon *la place dans la chaîne parlée*, et non *selon le sens* ; un parisien dira : « Pierre est parti » /**éparti**/, comme « Pierre et sa sœur… » ; mais il prononcera : « Sage ? Pierre l'est, assurément ! » en prononçant « est » sous la forme : [ɛ].

Une chose est certaine, aucune règle d'orthographe ne peut être dégagée de cette différence, même là où elle semble exister : si la prononciation varie d'une région à l'autre, l'orthographe, elle ne varie pas !

Il ne peut être que dangereux d'écouter pour savoir si l'on écrit « et » ou « est » ; pseudo-règle qui, entre autres, oublie de préciser l'orthographe de « ai », de « haie », de « aient » et de tous les autres : le fait que pour un adulte, ces mots soient exclus d'office puisque leur statut grammatical est

17. Certains chercheurs vont même jusqu'à dire que le système phonologique lui-même est différent d'une région à l'autre : c'est le cas d'A.-M. Houdebine, dans sa thèse « La variété et la dynamique d'un français régional : étude phonologique, analyse des facteurs de variation, à partir d'une enquête à grande échelle dans le département de la Vienne (Poitou) », 1975.

différent, n'a rien à voir avec ce qui se passe chez les enfants, qui sont loin de penser ici à ce statut grammatical !

C'est pourquoi, et contrairement aux conclusions d'autres chercheurs[18], nos propres travaux nous ont conduits à définir une démarche en orthographe qui dissocie au maximum les données sonores et les données graphiques de la langue : les mots se prononcent de façons diverses selon les régions, mais **ils s'écrivent comme ils s'écrivent,** et de façon semblable partout ; c'est un grand avantage, car cela permet d'ouvrir la communication à des personnes qui, à l'oral, se comprendraient plus difficilement.

En tout cas, une conclusion s'impose, concernant les données sonores de la langue : c'est bien la phonologie – et surtout elle – qui peut aider l'enseignant à faire travailler les enfants dans ce domaine. Aussi, les exercices à proposer doivent-ils toujours porter sur des réseaux d'oppositions définies par ces traits pertinents : opposition « sourdes/sonores » ; « orales/nasales » ; ou oppositions de traits articulatoires. Seule la mise en réseaux permet aux élèves de dépasser « ce qu'on entend » pour accéder à « ce qu'on comprend » et prendre conscience des moyens par lesquels on comprend.

Et donc, comment fonctionne la combinatoire française ?

Rappelons que la combinatoire, qui, comme on l'a dit plus haut, n'a rien à voir avec le déchiffrage[19], est le système de mise en relation des graphies du français avec les phonèmes dont nous venons de faire l'inventaire. Or, ce système français présente *deux caractéristiques :*

- la première, que la relation qui unit les deux ensembles n'est point symétrique, c'est-à-dire, que celle qui va des phonèmes aux signes graphiques, n'est pas la même que celle qui va de ces signes aux phonèmes. Aussi, la combinatoire française se présente-t-elle sous la forme d'un double fichier, à faire construire par les élèves à partir des exemples qu'ils ont repérés, l'un qui propose la liste des phonèmes, avec les graphies qui les traduisent à l'écrit ; l'autre qui part de la liste des lettres de l'alphabet, pour les associer aux prononciations possibles selon les exemples étudiés.
- la deuxième caractéristique du système français est que tous les phonèmes du français ont plusieurs graphies possibles ; tandis qu'une même graphie peut correspondre à des phonèmes différents selon l'environnement de cette graphie. C'est pourquoi, il est impossible de construire ces fichiers indépendamment des exemples langagiers d'où ils sont tirés.

18. Notamment Nina Catach.

19. La combinatoire, c'est le système. Le déchiffrage, c'est une ACTION. Déchiffrer, c'est se servir (mal) de la combinatoire.

Nous proposons ces fichiers ci-après sous la forme de tableaux, regroupant les diverses graphies possibles en français d'une même phonie, et les diverses prononciations possibles d'une même lettre.

Précisons que la combinatoire exclut les marques orthographiques, dont le rôle est sémantique ou grammatical, mais qui ne correspondent jamais à des différences de prononciation. Aussi, contrairement à des habitudes prises à la suite de certaines méthodes de lecture, il n'est pas question d'énumérer les diverses finales possibles d'une même voyelle (ou d'un même groupe de voyelles) traduisant un phonème donné : l'opposition entre « lait » et « laid » n'est pas de l'ordre de la combinatoire ; elle concerne l'orthographe. On n'a donc pas à énumérer, pour le phonème [ɛ], les diverses finales de -ai- par exemple : -ait, -aie, -ais etc. ou pour le phonème [ɔ̃] les graphies : -omb ; ong ; ont, etc. Ce qui compte ici, comme correspondance à repérer, c'est le groupe -ai- graphie possible du premier et -on- (ainsi que -om), graphies possibles du second. Il nous semble très important que la distinction soit très claire, pour les enfants, entre la correspondance française phonies-graphies (problèmes de prononciation, perceptibles par l'oreille) et l'orthographe (problèmes d'indices pertinents de sens, perceptibles par la vue).

On peut ainsi bâtir le système complet de ces relations.

Le système de la combinatoire française

a. Des phonèmes vers les graphèmes

Premier tableau les phonèmes voyelles

Si je reconnais à l'écoute le phonème-voyelle…	… quelle lettre ou quel groupe de lettres je peux voir en français ?
[A]	**-a** (une *banane*) ; **-à-** (*voilà*) ; **-â-** (la *pâte*) ; **-e** (une *femme*) ; **-i** (la *loi*) ; **ha-** (des *habits*) ; **-ah** (un *dahlia*) ; **hâ-** (la *hâte*)
[ə]	**-e** (*petit*) ; **-ai** (nous *faisons*) ; **-on** (*monsieur*)
[i]	**-i** (*ami*) ; **-î-** (*une île*) **-y** (le *pays*) ; **hi-** (*hiver*) ; **-ee** (*sweet*) ; **hy-** (un *hypermarché*)
[o]	**-o** (*photo*) ; **-ô-** (un *côté*) ; **-au** (*auto*) ; **-eau** (*beau*) ; **ho-** (*horizon*) ; **hô-** (un *hôtel*) ; **hau-** (*haut*) ; **heau-** (*heaume*)
[ɔ]	**-o** suivi de consonne prononcée (syllabe fermée) ou consonne double : (*port*, *os*, *bonne*) **ho-** dans les mêmes conditions : *hors*, *hochet*, *homme*,
[ø]	**-eu** (le *feu*) ; **oeu-** (des *œufs*) ; **-eû** (*jeûner*) ; **heu-** (*heureux*)
[u]	**-ou** (un *clou*) ; **-oo** (le *foot*) ; **-ow** (un *clown*) ; **hou-** (une *housse*)

[œ]	**-eu** (*fleur*) ; **oeu-** (un *œuf*) ; **-u** (du *bluff*) ; **heu-** (une *heure*)
[e]	**-e-** (suivi d'une consonne en syllabe fermée) *et* ; **-é** (une *épée*) ; **-ai** (la *maison*) ; **hai-** (une *haie*) **he-** (un *hectolitre*) ; hé- (*héler*)
[ɛ]	**-e-** (en syllabe fermée, ou suivi des doubles consonnes : -f- : en *effet* ; -l- : il *appelle* ; –n- : les *rennes* ; -r- : *errer* ; -s- le *dessert* ; -t- : il *jette* ; ainsi que –x- : un *examen*) ; **-è** (il *mêle*) ; **-ê** (la *fête*) ; **-a** (la *paye*) **-ai** (la *maison*) ; **-aî** (le *faîte*) ; **he**- (l'*herbe*) ; **hai-** (la *haie*) ; **hè**- (il *hèle* un taxi) ; **hê-** (un *hêtre*)
[y]	**-u** (la *lune*) ; **-û** (une *bûche*) ; **-eu** (j'ai *eu*) ; **hu-** (un être *humain*)
[ã]	**-an** (*maman*) ; **-en** (un *enfant*) ; **-am** (les *champs*) ; **-em** (le *temps*) ; **-aen** (la ville de *Caen*) ; **-aon** (le *paon*) ; **-ean** (*Jean*) ; **han-** (un *hangar*) ; **ham-** (une *hampe*)
[œ̃]	(seulement dans le midi de la France ; ailleurs on prononce **[C]**) **-un** (*lundi*) ; **-eun** (il est à *jeun*) ; **hum**- (il est *humble*) ; **hun**- (les *Huns*)
[ɛ̃]	**-in** (le *matin ; coin*) ; **-en** (*vendéen*) ; **-im** (*simple*) ; **-ain** (le *pain*) ; **-ein** (*plein*) ; **hein** (*hein !*) ; **-aim** (la *faim*) ; **-ym** (le *thym*)
[ɔ̃]	**-on** (un *bonbon*) ; **-om** (*tomber*) ; **hon**- (*honteux*)

b. Suite du tableau : les phonèmes consonnes

Si je reconnais à l'écoute le phonème-consonne…	*Je peux voir en français les lettres ou le groupe de lettres…*
[b]	-b- (la robe) ; -bb- (un abbé)
[c]	-ch- (la ruche) ; sch- (un schéma) ; sh- (un shampooing)
[d]	-d- (rude) ; -dd- (une addition)
[f]	-f- (un chef) ; -ff- (un effort) ; -ph- (il est aphone)
[g]	-g- (la gare) ; -gu- (une figue) ; gh- (un ghetto) ; -x- (un examen)
[k]	-c- (un coq) ; -q- (un coq) ; -k- (un cake) ; -qu- (la question) ; -cqu- (la becquée) ; -ch- (la chorale)
[l]	-l- (le ciel) ; -ll- (elle)
[m]	-m- (la mère) ; -mm- (la femme)
[n]	-n- (les nuages) ; -nn- (une année) ; -mn- (l'automne)
[p]	-p- (il grimpe) ; -pp- (une grappe) ; -b- (obtenir)
[r]	-r- (la rue) ; -rr- (il arrive) ; rh- (un rhume)
[s]	-s- (ma sœur) ; -c- (ceci) ; -ss- (la tasse) ; -sc- (la science) ; -x- (soixante) ; -t- (la démocratie)
[t]	-t- (la route) ; -tt- (une natte) ; -th- (le théâtre)
[v]	-v- (une chèvre) ; w- (un wagon) ; -f (neuf heures)

Enseigner l'orthographe autrement, Eveline Charmeux, Chronique sociale.

[z]	-z (un zoo) ; -s- (une rose) ; -x- (dixième ; examen)
[ʒ]	-j- (je joue) ; -g- (une girafe) ; -ge- (une gageure)
[ɲ]	-gn- (il gagne) ; -ign- (un oignon)
[w]	-w- (un western) ; wh- (du whisky) ; ou- (de la ouate) ; -o- (le roi) ; -u- (une équation)
[ɥ]	-u- (la nuit) ; hu- (de l'huile)
[j]	-i- (bien) ; -il (soleil) ; -ill- (la paille) ; -ll- (une fille) ; -ï- (un païen) ; -y- (une frayeur)

c. Des graphèmes vers les phonèmes

Si je vois la lettre…	*Elle peut correspondre, seule ou associée à d'autres, aux phonèmes suivants*
A	**[a]** (une banane) ; **[e]** (le pays) ; **[o]** (une auto) ; **[ɛ]** (le lait) ; **[ɑ̃]** (maman, le paon) **[ɛ̃]** (le pain)
B	**[b]** (un bébé) **[p]** (il est absent) ; en finale, c'est une marque orthographique et il ne correspond alors à aucun phonème (du plomb)
C	**[k]** (un coq) **[s]** (ceci) **[ʃ]** (un chou) ; en finale, c'est une marque orthographique et il ne correspond alors à aucun phonème (un banc, il ne convainc personne)
Ç	**[s]** (un maçon)
D	**[d]** (demain) **[t]** (un grand enfant) ; en finale sans liaison, c'est une marque orthographique et il ne correspond alors à aucun phonème (il est grand)
E	**[ə]** (je) ; **[e]** (et) ; **[ɛ]** (il est) **[ø]** (le feu) ; **[œ]** (une fleur) ; **[ɛ̃]** (il est plein) **[o]** (il est beau) **[y]** (il a eu peur) **[ɑ̃]** (le vent)
F	**[f]** (il est neuf) ; **[v]** (il est neuf heures) ; en finale, c'est parfois une simple marque orthographique et il ne correspond alors à aucun phonème (une clef)
G	**[g]** (la gare) ; **[ʒ]** (Georges) ; **[ɲ]** (cogner) ; en finale sans liaison, c'est une marque orthographique et il ne correspond alors à aucun phonème (c'est long)
H	**[ʃ]** (le chemin) ; **[f]** (la photo) ; **[t]** (le théâtre) ; **[r]** (un rhume) ; en fait, c'est plutôt une marque orthographique et en lui-même, il ne correspond pas à un phonème : il peut apparaître devant n'importe quelle voyelle et il sert parfois à empêcher la liaison entre deux mots (des héros) ; ou entre deux voyelles d'un même mot (un homme ébahi).

Enseigner l'orthographe autrement, Eveline Charmeux, Chronique sociale.

I	**[i]** (un ami) ; **[e]** (la maison) ; **[ɛ]** (le lait) ; **[ɛ̃]** (le pain) ; **[j]** (la paille)
J	**[ʒ]** (jouer)
K	**[k]** (un képi)
L	**[l]** (c'est lourd) **[j]** (le soleil)
M	**[m]** (maman) **; [n]** (automne) ; **[ã]** (les champs) ; **[ɔ̃]** (tomber) ; **[ɛ̃]** (la faim) ; **[œ̃]** (il est humble)
N	**[n]** (non) ; **[ɔ̃]** (non) ; **[ã]** (maman) ; **[ɛ̃]** (le matin) ; **[œ̃]** (lundi) ; **[G]** (une châtaigne)
O	**[o]** (une auto) ; **[ɲ]** (le port) ; **[ɔ̃]** (le pont) ; **[w]** (le toit) **[u]** (nous)
P	**[p]** (un poussin) ; **[f]** (une photo) ; en finale sans liaison, c'est presque toujours une marque orthographique et il ne correspond alors à aucun phonème (c'est trop)
Q	**[k]** (quatre)
R	**[r]** (chercher) ; **[e]** (chercher)
S	**[s]** (le soir) ; **[z]** (la maison) ; **[ʃ]** (le shampooing) ; en finale sans liaison, c'est très souvent une marque orthographique et il ne correspond alors à aucun phonème (tu joues ; les joues)
T	**[t]** (le toit) ; en finale sans liaison, c'est une marque orthographique et il ne correspond alors à aucun phonème (le toit ; il lit)
U	**[y]** (tu) ; **[u]** (nous) ; **[o]** (il est beau) ; **[ø]** (il le veut) ; **[œ]** (c'est une fleur) ; **[g]** (une figue) ; **[k]** (quatre)
V	**[v]** (je veux)
W	**[v]** (un wagon) ; **[w]** (une ampoule de cent watts)
X	**[s]** (Bruxelles) ; **[ks]** (un taxi) ; **[gz]** (un examen) ; **[z]** (le dixième) ; en finale sans liaison, c'est aussi, parfois, une marque orthographique et il ne correspond alors à aucun phonème (je veux des journaux)
Y	**[i]** (le lys ; une abbaye) ; **[j]** (payer) ; **[ɛ̃]** (le thym) ; **[ɛ]** (la ville de La Haye)
Z	**[z]** (le zoo) ; **[e]** (le nez) ; en finale sans liaison, c'est aussi parfois une marque orthographique et il ne correspond alors à aucun phonème (le riz)

Enseigner l'orthographe autrement, Eveline Charmeux, Chronique sociale.

Remarque sur les lettres-voyelles portant un accent

L'accent aigu ou grave ne correspond à un phonème que pour la lettre **-e-** (et encore, pas toujours, comme le prouvent certains des exemples suivants) : en général, **-é-** traduit **[e]** tandis que **-è-** ou **-ê-** correspondent à **[ɛ]**. Mais pour les autres lettres-voyelles, les accents quand ils sont là, sont ***des marques orthographiques de sens, et jamais de prononciation :*** l'opposition **à/a**, n'a bien sûr rien à voir avec la prononciation, pas plus que l'opposition **ou/où**. De même pour les accents circonflexes à l'intérieur des mots : **fit/fît** ; **foret/forêt** , **du/dû** , quant aux prétendues différences de prononciation entre **pâte** et **patte**, ou entre **jeune** et **jeûne**, elles dépendent des régions et ne peuvent donc être considérées comme pertinentes.

Conclusion sur le système graphique du français

Paradoxalement, on a confirmation que le fonctionnement-orthographe de ce système l'emporte sur le fonctionnement-combinatoire. Tout se passe comme si les deux rôles, lexical et grammatical de l'orthographe, recouvraient en quelque sorte son rôle dans la combinatoire. Ce qui ne veut pas dire que cette dernière soit sans intérêt : nous avons abondamment démontré le contraire au chapitre qui la concerne. Mais une chose est sûre, elle ne peut être étudiée en premier, et elle ne peut être considérée comme plus facile. Très jeunes, les enfants peuvent faire sur les graphies des remarques qu'ils ne peuvent absolument pas faire sur les phonies.

Pédagogiquement, il semble bien plus efficace d'aller de l'orthographe, telle que les enfants la découvrent à travers les écrits sociaux sur lesquels ils apprennent à lire, vers la combinatoire du français, qu'ils vont construire en analysant et en classant les graphies rencontrées dans ces mêmes lectures en fonction des phonies dès qu'ils sont capables de repérer celles-ci.

Quatrième question : *Quelles conséquences peut-on dégager de ces réponses ?*

La première remarque qui s'impose est que l'orthographe française n'a que peu de liens avec l'oral et qu'elle est de l'ordre des indices à voir. Il est donc préférable, *pédagogiquement,* de la dissocier de ce qui est « entendu » : les mots s'écrivent comme ils s'écrivent. C'est leur visage. En revanche, ils ont parfois des prononciations différentes selon les personnes et les régions ; mais cela n'a rien à voir avec leur orthographe qui reste la même.

Mais cela ne veut nullement dire que l'orthographe française ait un fonctionnement idéographique.[20] **L'orthographe française est bien évidemment phonographique…** mais tout se passe comme si **la variation des traitements phonographiques avait un rôle sémantique.** On perçoit en

20. Rien n'est plus agaçant que cet amalgame, fréquemment rencontré dans certains comptes rendus de travaux, ce qui prouve que même des chercheurs peuvent ne pas toujours bien savoir lire… !!

fait à l'écrit des oppositions distinctives de traits orthographiques, comme des traits phonologiques à l'oral. Tout comme on oppose à l'oral : « pot » et « beau » (**[po] [bo]**), on oppose à l'écrit : « pot » et « peau ».

Ce qui, à l'oral, en communication directe est aisément repérable, quand le vocabulaire a son fonctionnement déïctique, c'est-à-dire, en situation de communication directe, deviendrait facilement ambigu en communication différée : l'orthographe joue alors un rôle d'indicateur de sens qui facilite la lecture, en levant par avance les ambiguïtés possibles. On a d'ailleurs noté depuis longtemps que les vraies difficultés en français se situent dans les mots qui, tout en ayant un sens, voire un rôle grammatical différent, ont la même orthographe : « *C'est* fini »/« Cela *s'est* fini en beauté » ; ici la différence de graphie permet de comprendre la différence de sens et de fonctionnement ; tandis que « Si j'avais su que c'était si loin… » pose de redoutables problèmes aux enfants, qui ne peuvent comprendre pourquoi, en allemand par exemple, ces deux « si » doivent être traduits par des mots différents. Et pour des tout petits, rencontrer le mot « avions », tout à fait semblable dans :

« Je regardais** les avions **»

et dans :

« Nous** les avions **retrouvés »

est proprement incompréhensible, si l'on n'a pas travaillé abondamment sur cette étrangeté, à savoir que, justement hélas, les mots qui se prononcent pareil, n'ont pas toujours le même sens, et qu'il ne faut donc jamais se fier à la prononciation pour comprendre ce qu'on lit…

La seconde remarque qui s'impose est qu'elle a un fonctionnement *textuel,* et non *lexical seulement*. L'on ne peut comprendre le double système de variation de *joue* ou de *porte :* « joues/jouent » ou « portes/portent », qu'au niveau textuel : ni les mots isolés, ni même la phrase ne peuvent rendre compte de ce phénomène.

Étudier l'orthographe, comme on le fait parfois, sur des listes de mots n'est donc certainement pas une solution adéquate ; et l'origine des difficultés des élèves n'est peut-être pas à chercher plus loin. Il faut se diriger ailleurs, dans la direction **textuelle,** comme le fait, (ou devrait le faire, plutôt), la grammaire, dont elle est de toute évidence une partie : la grammaire étant l'étude du fonctionnement de la langue au niveau des unités de première articulation, l'orthographe étudie ce fonctionnement au niveau des unités de seconde articulation – pour la face écrite de la langue – tandis que la phonologie l'étudie au même niveau de seconde articulation, mais pour la face sonore.

Un autre modèle théorique

Le nouveau modèle

On arrive ainsi à une possibilité de modèle intéressant du fonctionnement orthographique français, dont l'outil cher aux linguistes, les deux axes croisés, l'axe horizontal des *relations* et l'axe vertical des *substitutions* permet de rendre compte.

Nous avons souligné ici divers types de variations qui fonctionnent effectivement sur chacun des deux axes, définissant deux rôles différents de l'orthographe, tous deux relatifs au sens, mais correspondant aux deux réseaux d'oppositions distinctives :

- *sur l'axe des relations* (l'axe horizontal), on observe des marques qui apparaissent/disparaissent ensemble, sur divers mots du texte, définissant ainsi des groupes fonctionnels, que la prononciation ne permettrait pas toujours de repérer, comme l'exemple cité plus haut des deux vers de Leconte de Lisle.

Précisons bien qu'il s'agit d'un rôle de l'orthographe, et non d'une *sorte particulière* d'orthographe, comme on a l'habitude de le dire, en opposant l'orthographe grammaticale (qui serait *logique* !) et l'orthographe d'usage (qui ne l'est point !). C'est là un commentaire bien absurde, qui oublie que l'orthographe, comme tout signe linguistique, est arbitraire, c'est-à-dire, ne correspond à aucune logique externe : sa logique est celle d'un système, c'est-à-dire, interne. Toute l'orthographe est *d'usage* ; si je ne sais pas comment écrire le dernier mot de : « les enfants jouent », le raisonnement me permettra de penser que « joue » doit prendre des marques de pluriel, puisque son sujet est au pluriel, mais *ne me dira jamais quelles sont ces marques*… Le fait qu'il s'agisse en l'occurrence des lettres « nt » – dont on note au passage qu'il n'en est jamais fait mention dans les leçons d'orthographe sur le pluriel… – est aussi arbitraire que d'écrire « joue » avec un « j » ou avec « ge ».

> Apprendre l'orthographe, c'est apprendre ses usages ; on constate qu'en français ces usages sont au nombre de deux : l'usage grammatical et l'usage lexical.

- *sur l'axe des substitutions* (l'axe vertical), en effet, on observe, par exemple, des oppositions lexicales, comme « deux/d'eux », « vos/vaut », « t'en/temps » qui constituent des balises de sens, facilitant grandement la lecture, comme les oppositions distinctives en phonologie permettent de construire du sens à travers la prononciation des diverses langues.

Quelle didactique et quelle progression peut-on envisager, à partir de ces constats, vers la maîtrise de l'orthographe par tous les enfants ?

Ces constats conduisent à poser *trois hypothèses* d'action pédagogique :

- la maîtrise de l'orthographe passe par la construction de savoirs d'ordre conceptuel, sur le rôle des signes graphiques, et de leur organisation, en français écrit ;
- la construction de ces savoirs peut se faire à partir de l'observation des messages à **lire,** et de l'analyse des opérations mises en jeu dans la compréhension de ces messages ;
- ces savoirs conceptuels sur le fonctionnement de l'orthographe, peuvent être réinvestis dans les situations de productions d'écrits, **grâce à la maîtrise de la documentation orthographique,** dictionnaires et autres formes de documentation. Cette documentation n'étant pas une simple « aide », mais un **truchement indispensable de transformation des savoirs conceptuels en savoirs opératoires.**

La démarche proposée part donc de constats sur le fonctionnement des signes graphiques en français, constats effectués dès les premiers apprentissages de la lecture, et réinvestis au fur et à mesure, avec l'aide de l'enseignant, dans les situations de productions de textes, pour déboucher sur des savoirs notionnels, concernant chacun des deux rôles, puis sur des savoirs opératoires, intériorisant des automatismes d'écriture[21], lesquels, réinvestis en situations diversifiées de production de textes, définissent ce qu'on appelle la maîtrise de l'orthographe.

La progression proposée s'organise autour de *trois « périodes » :*

• *Une première période* de découvertes sur le fonctionnement de l'écrit, au moment des apprentissages premiers de la lecture, où les enfants vont découvrir que les lettres sont affectées en français à la traduction d'unités sonores, en fonction d'un système cohérent (n'importe quelle lettre ne correspond pas à n'importe quel son), mais dont les réseaux de relations obéissent à des règles complexes, liées à l'histoire de la langue : il est possible d'entendre les mêmes sons alors que les lettres sont différentes à l'écrit : *champagne* et *shampooing* ; *crier* et *Christine* ; inversement, on

21. Et non des « mécanismes » : l'automatisme est un savoir théorisé, (ce que n'est point le mécanisme, qui fonctionne à l'insu du sujet), mais dont l'utilisation est rendue quasi immédiate par des exercices d'entraînement à la prise de décision rapide. Cf. plus loin.

peut trouver les mêmes lettres, et entendre des sons différents : *chocolat* et *chorale*, *retient* et *patient*.

Ce qui permet au passage d'éclairer l'arbitraire du signe linguistique, notion difficile, mais capitale pour la maîtrise de la langue en général et pour la maîtrise de l'écrit en particulier. Mais ils vont découvrir en même temps, que les lettres – et autres signes graphiques – peuvent jouer des rôles dans la compréhension : le mot *poids* a une lettre plus importante sur ce point que les autres, c'est la lettre « d » ; selon qu'elle se trouve ou non dans le mot, on comprendra une chose ou une autre.

De la même manière, les enfants découvrent en observant les textes qu'ils lisent, que certaines lettres ont la particularité d'apparaître ou de disparaître à la fin de certains mots ; cette propriété, dont on ne voit pas tout de suite à quoi elle sert[22], n'est pas donnée à toutes les lettres : quelques-unes seulement ont ce privilège, – les enfants ont proposé de les appeler « lettres baladeuses » – Le premier travail sur ce point est d'en faire l'inventaire ; elles ne sont pas nombreuses : « s », « x », « e » peuvent apparaître à peu près sur tous les mots ; d'autres, en plus grand nombre, n'apparaissent que sur une catégorie de mots, celle qu'on appellera plus tard, les verbes : « t », « er », « ez », « ent » etc. **où l'on constate que le système verbal est bien le cœur de l'orthographe, et le lieu essentiel des difficultés…**

• *Une deuxième période,* qui commence à la fin du cycle des apprentissages fondamentaux, et jusqu'à l'entrée au collège, au cours de laquelle les enfants vont ériger leurs constats en règles, formulées par eux-mêmes, mais de manière toujours *relative* – jamais de généralisations – et toujours provisoire : en matière de langue, une règle a toujours de fortes chances d'être un jour remise en question par un exemple non encore rencontré jusque-là.

Ces règles portent sur les deux rôles

= rôle grammatical des « lettres baladeuses », c'est-à-dire, quelles sont les règles d'apparition de la lettre « s », ou d'une autre en fin de mot.

= rôle lexical des oppositions de graphies correspondant à une même phonie : « dent /dans/ d'en ».

– Certaines de ces graphies peuvent être analysées en éléments signifiants : « d'en » = « de cette chose », d'où l'apostrophe, et l'écriture « en » qui est celle du pronom ;

22. Et l'on sait, depuis Piaget, qu'il est important que les enfants découvrent des phénomènes, bien avant d'en connaître l'explication : c'est même une condition importante de leurs apprentissages futurs. Il est donc essentiel qu'ils découvrent que des lettres apparaissent et disparaissent ensemble à la fin des mots, AVANT de pouvoir comprendre pourquoi.

– D'autres peuvent être rattachées à un fonctionnement familial : « dent/ dentiste » → la présence du « t » à la fin du mot « dent » mais ce constat ne peut être généralisé : *clouter*, et pourtant *clou*, *bénite* et pourtant *béni*, etc. À noter qu'on ne parle jamais, dans ce cas, d'« exception » : on sait bien qu'une règle ne peut avoir d'exception sans cesser d'être une règle ; en matière de science, l'exception n'existe pas, **on parle de classes différentes :** que diriez-vous d'un savant qui prétendrait que la règle définissant les poissons a une exception, à cause de la baleine ?

En matière de langue, il existe des usages différents, certains sont très répandus, d'autres le sont moins ; certains sont anciens, d'autres sont très récents : **grammaire, comme orthographe, sont des sciences d'observation.**

– D'autres enfin, ne fonctionnent que par opposition aux autres, et constituent en quelque sorte le visage du mot : c'est le cas de « dans » (si l'on ne met pas l's, on est amené à interpréter le mot « dan », comme un degré de maîtrise en matière d'arts martiaux !)...

• *La troisième période* est celle de la transformation de ces savoirs notionnels en savoirs opératoires, par des exercices d'entraînement et d'intériorisation des règles construites. Ces exercices sont indispensables au réinvestissement, en situations de production de textes, des règles observées dans les textes lus. Cette période recouvre la fin du cycle 3 et les quatre années du collège, dont il faudrait bien ne pas oublier qu'elles sont AUSSI des années d'apprentissages orthographiques.

• Parallèlement à ce travail de construction de savoirs sur l'orthographe, il est nécessaire de développer une grande aisance dans la manipulation de la documentation orthographique : dictionnaires, Larousse de conjugaison et autres Bescherelle, etc., par des exercices d'entraînement dans les *quatre domaines* qui définissent cette aisance :

- maîtriser la notion d'intervalle dans l'ordre alphabétique ;
- savoir interpréter les informations données dans les dictionnaires (types de polices de caractères, chiffres, opposition écriture standard et italique, définitions, abréviations, etc.) ;
- maîtriser la manipulation du livre lui-même (savoir l'ouvrir le plus près possible du mot cherché, ne tourner les pages que dans un seul sens, etc.) ;
- savoir formuler des hypothèses de graphies, et savoir repérer tout de suite qu'on ne cherche pas au bon endroit (repérer l'intervalle entre deux mots où serait celui qu'on cherche si l'hypothèse orthographique était la bonne).

Deuxième partie

Les conséquences pratiques

Aider les enfants à comprendre ce qu'est l'orthographe et à quoi elle sert

Quelle démarche et quels contenus d'apprentissage ?

Ici surgit évidemment l'incontournable question de la dictée.

Qui dit « orthographe », dit « dictée », pour la grande majorité des gens, enseignants ou non. Cette assimilation est-elle justifiée ?

Activité symbolique par excellence de l'orthographe, elle passe, aux yeux d'une bonne moitié des enseignants de français, pour l'unique thérapie dans ce domaine. En fait, elle est défendue au nom de *deux grandes séries d'arguments :*

- elle serait un exercice de contrôle indispensable, et même le seul sérieux : la preuve, tous les examens l'utilisent pour connaître le niveau des candidats en orthographe ;
- elle serait un exercice d'apprentissage de l'orthographe, dans la mesure où elle met en jeu la démarche par tâtonnements et erreurs corrigées : au moment de la correction, si celle-ci est menée avec rigueur, les principales caractéristiques de l'orthographe peuvent être acquises.

Le grand problème de la dictée

Examinons chacune de ces affirmations. On peut toutefois souligner d'emblée, qu'elles ne peuvent être vraies toutes les deux : impossible d'être à la fois, un moyen d'apprentissage et un moyen d'évaluation : peut-on maigrir avec une balance ou se soigner avec un thermomètre ?

La dictée est-elle un exercice d'évaluation ?

Un exercice d'évaluation est d'abord un instrument de mesure de ce qui a été effectivement acquis. Qui dit « mesure », dit « étalonnement » précis, par rapport à une référence rigoureusement définie. La dictée, qui est notée par une curieuse opération de soustraction, répond particulièrement mal à l'exigence de mesure : cinq fautes dans une dictée confèrent la note zéro (donc nulle) à une performance qui contient au moins 95 % d'éléments corrects. Peut-on parler d'évaluation en ce cas ?

Quant à mesurer ce qui a été effectivement appris, la dictée en est bien incapable : comment un texte d'auteur, même s'il contient quelques allusions au travail effectué antérieurement, pourrait-il en mesurer les acquis, perdus que sont ceux-ci au milieu de tant d'impondérables extérieurs au travail ?

La dictée peut-elle être un exercice d'apprentissage de l'orthographe ?

Certes, la correction des erreurs est le plus souvent la forme la plus efficace d'apprentissage. En mathématiques, par exemple, c'est en remontant le raisonnement effectué par l'élève, qu'on a le plus de chances de l'aider à progresser. Il en est de même pour tous les domaines où la solution est le résultat d'un raisonnement.

Or, notre analyse du fonctionnement de l'orthographe a mis en évidence qu'aucun raisonnement ne permet de trouver la graphie de *théâtre* ou de *apéritif*, si on n'a jamais vu ces mots ou si on les a oubliés. Et même si l'on prétend que l'étymologie grecque et latine de ces mots permet de déduire leur orthographe, c'est une affirmation bien discutable. Rien ne peut être <u>déduit</u> ici : Même si je suis assez érudit pour rattacher le mot *théâtre* au grec θε'ατρον, et le mot *apéritif* au latin *aperire* (ouvrir), rien ne me permet d'affirmer que c'est vrai, ni que l'orthographe sera « théâtre » et « apéritif ». En fait, le seul raisonnement ici – et qui n'est accessible qu'à ceux qui ont étudié le latin et le grec – est une recherche de probabilité, et n'a rien à voir avec un raisonnement déductif. Ajoutons que le th- de théâtre n'est pas sa seule difficulté, pas plus que le nombre de –p- d'apéritif. En fin de compte, ce qui tranche, c'est la mémoire visuelle que l'on a ou non de l'image de ces mots.

Donc, demander aux enfants de réfléchir pour écrire, c'est commettre une grave confusion, entre réfléchir et se souvenir, lesquels sont en réalité le contraire l'un de l'autre. Quand il s'agit de se souvenir, aucune réflexion ne peut venir en aide à une mémoire défaillante, chacun le sait bien, pourtant ! Pire, demander à un enfant de réfléchir pour trouver l'orthographe d'un mot, c'est le confirmer dans une représentation erronée du fonctionnement de l'orthographe : on sait, depuis les travaux, notamment d'E. Feirrero[23] qu'un petit enfant pense que les mots doivent ressembler à ce qu'ils veulent dire ; si bien que sa réflexion va naturellement le conduire à imaginer l'orthographe en fonction de cette représentation. Et comme aucun raisonnement ne peut justifier les graphies en usage, la correction des erreurs orthographiques, même parfaitement menée, ne peut guère effacer l'empreinte d'une invention personnelle répondant à une logique, peut-être inadaptée, mais solide dans sa conception. En matière d'orthographe, seule la familiarisation avec l'usage permet la certitude, et l'on peut dire que toute graphie erronée est une entrave à l'acquisition de l'usage. On peut donc affirmer

23. E. Feirrero, dans une recherche menée au Mexique, *Lire-écrire à l'école, comment s'y apprennent-ils ?*, CRDP Lyon, 1988.

que dans ce domaine, l'erreur, loin d'être fructueuse, a de fortes chances d'être catastrophique.

Aussi est-on de plus en plus conduit à penser que la meilleure pédagogie de l'orthographe est une pédagogie de **la prévention des erreurs.** D'où l'importance de provoquer le plus tôt possible une parfaite aisance de la documentation orthographique et du dictionnaire d'orthographe en particulier.

La réponse à notre question-titre de ce paragraphe est donc : NON ! La dictée ne peut être un moyen d'apprendre l'orthographe, au contraire.

Mais la dictée préparée ?

On connaît cette version pédagogique de la dictée, très en honneur chez les enseignants, qui consiste à travailler préalablement le texte qui sera dicté le lendemain. Deux versions existent, différentes par le délai qui sépare la préparation de la dictée proprement dite.

Si la dictée est proposée peu de temps après la préparation, tout le travail effectué dont l'objectif – intéressant – est de mobiliser les connaissances nécessaires, mobilise en fait, la mémoire à court terme, et les connaissances n'y jouent qu'un rôle restreint. Pour l'élève, il s'agit de retenir jusqu'à la dictée la graphie des mots du texte ; et comme les enfants ont en général une mémoire visuelle assez développée, ils cherchent surtout à se rappeler, plus qu'à comprendre le discours du maître. On croit travailler sur la *compétence*[24] orthographique, en fait, c'est sur la *performance* qu'on agit, et comme cette performance est étrangère à l'enfant, le seul outil qu'il puisse utiliser, c'est la mémoire, non point celle des mots (qui pourrait lui être utile éventuellement) mais celle ***des mots de ce texte-là :*** c'est lui en effet, qu'il faut connaître et qui sera noté.

Si la dictée est proposée assez longtemps après la préparation, deux résultats sont possibles : ou bien les enfants ont une mémoire, notamment visuelle, assez développée pour avoir conservé les données de la préparation, et l'on se retrouve dans le premier cas ; ou bien, les enfants n'ont point cette mémoire développée, (et l'on sait qu'ils sont nombreux dans ce cas) et la préparation n'a servi à rien, si ce n'est à culpabiliser l'élève qui se rappelle qu'on a préparé ce texte, mais qui en a oublié les contenus.

24. Ce mot est entendu ici avec l'acception que lui confère N. Chomsky, en opposition avec celui de « performance ».

La dictée dirigée ?

Il est vrai que c'est là une amélioration sensible des dictées traditionnelles, dans la mesure où ses présupposés sont beaucoup plus rigoureux. En fait, cette forme de la dictée, qui s'efforce de faire réfléchir les élèves au moment où il écrit, en attirant leur attention sur les problèmes à résoudre au moment de les résoudre, se propose de faire acquérir l'orthographe par une écriture totalement consciente. D'où la mise en œuvre de moyens divers, au cours même de la dictée : rappel de règles, rapprochements avec d'autres mots de la même famille, rappels de conjugaison, etc.

Cette volonté de rendre consciente une activité aussi importante que celle d'écrire un texte est loin de manquer d'intérêt. Malheureusement, elle n'est guère adaptée à la situation orthographique : que dirait-on d'un moniteur d'auto-école qui exigerait de son élève qu'il commente et justifie au fur et à mesure tout ce qu'il fait quand il conduit ? Ne serait-ce pas confondre la *possibilité* de justifier (qui est un indice incontestable de maîtrise) avec le *fait* de justifier qui ne peut que gêner l'action ? Le bon conducteur ne réfléchit pas à ce qu'il fait quand il change de vitesse ou effectue les manœuvres que la situation exige. Il peut toujours, néanmoins, après, justifier ce qui s'est passé : c'est toute la différence entre un *mécanisme* (toujours dangereux, puisque c'est un comportement fonctionnant sans le sujet) et un *automatisme*, qui est un comportement théorisé mais suffisamment intégré par l'entraînement pour fonctionner de façon très rapide, à la limite de la conscience. Tout comme la conduite automobile, la maîtrise orthographique apparaît lorsqu'on n'a plus besoin de réfléchir pour l'utiliser. Il est donc peu pédagogique de favoriser cette réflexion *puisqu'elle n'est pas le but final recherché*.

Et ce, d'autant plus que la plupart des situations d'écriture exigent la rapidité (notamment les examens !). Aussi, obliger les enfants à réfléchir, donc à ralentir leur écriture, n'est certainement pas un service à leur rendre.

Pourrait-il y avoir des formes satisfaisantes de la dictée ?

Si l'on tente de situer l'activité de dictée dans l'ensemble des activités de production d'écrits, on comprend à la fois pourquoi elle a tant de succès et pourquoi elle est aujourd'hui complètement inadaptée aux besoins en orthographe. Il y a cent ans, la situation de dictée appartenait à la vie quotidienne : peu de gens savaient écrire et la correspondance était le plus souvent réalisée par une personne extérieure, écrivain public ou autre, qui prenait le texte sous la dictée. On peut du reste nuancer d'emblée ce propos, car la dictée en question restait sensiblement différente de ce qu'on nomme ainsi aujourd'hui. L'écrivain sollicité avait non seulement la tâche d'écrire la lettre, mais presque toujours également celle de la rédiger : on lui disait en gros ce qu'il fallait dire et il devait organiser ces contenus de façon lisible. C'est aussi ce qui se passe dans le métier de secrétaire, volontiers cité comme justification sociale de la dictée : la secrétaire prend en écriture abrégée – ou à partir d'un dictaphone – les contenus d'ensemble de la lettre à envoyer, et la rédige ensuite, selon des modalités connues, et avec toute la documentation nécessaire (dictionnaires par exemple). Donc, pas de justification sociale de cette activité !

Et même, si l'on pousse plus loin l'analyse, on se rend compte que la mise en jeu de l'orthographe fait partie intégrante de la production d'écrits, exactement comme la prononciation fait partie intégrante de la production orale. **L'orthographe est inséparable de l'énonciation écrite.** Si l'on vise sa maîtrise, c'est donc nécessairement à travers l'énonciation écrite qu'il faut l'envisager. Or, la dictée est doublement étrangère à l'énonciation : parole extérieure, élaborée par quelqu'un d'autre, elle est reçue passivement, et à travers une oralisation du dicteur, laquelle n'a rien à voir avec la prononciation mentale qui accompagne l'énonciation. Pire, cette oralisation extérieure se substitue à la prononciation mentale et la bloque complètement – ou, tout au moins, la fausse gravement.

Mais alors, l'auto-dictée ne serait-elle pas la solution ?

Il est vrai qu'en apparence du moins, l'auto-dictée, c'est-à-dire, la réécriture d'un texte mémorisé au préalable, semble répondre aux objections présentées plus haut. La mémorisation d'un texte, surtout si elle a été bien conduite en forme de reconstitution de texte, a pour avantage d'intérioriser le texte et de substituer à l'oralisation extérieure, quelque chose qui ressemble à la prononciation mentale dont nous avons parlé.

Pourtant, cette situation est loin d'être satisfaisante, et sûrement pas plus que les formes précédemment étudiées. Outre qu'elle n'est en rien une situation d'énonciation, elle a des aspects fort déplaisants moralement et psychologiquement. Si un adulte doit écrire un texte qui n'est pas de lui, il serait bien imprudent de se fier à sa mémoire : la sagesse lui conseillera de se reporter au texte original et d'en reproduire une copie scrupuleuse : affaire d'honnêteté. Il est tout de même gênant de mettre l'enfant dans des situations qui seraient jugées sévèrement venant d'un collègue. Psychologiquement et pédagogiquement, elle présente un autre inconvénient : la faculté de mémoriser, surtout visuellement, n'est pas également répartie chez tous les enfants (pas plus que chez tous les adultes d'ailleurs !), sans que cela soit pour autant une marque d'infériorité ou de supériorité ; en proposant une activité dont la réussite dépend de cette faculté, on introduit une profonde injustice qui ne peut que fausser par avance toute forme d'évaluation.

Quelle que soit sa forme, la dictée repose sur la confusion « énoncé/énonciation ». L'orthographe appartient à l'énonciation. Reproduire de mémoire ou à l'écoute un énoncé n'a rien à voir avec l'énonciation et par suite, la manipulation de l'orthographe ne saurait y apparaître en situation valable. Elle n'est qu'un simulacre d'écriture, sans aucun intérêt.

Comment travailler ? Quels contenus, quelle démarche, quelles activités ?

On pose souvent la question de savoir si le fait de lire peut favoriser la maîtrise de l'orthographe. Une fois de plus, le penser, c'est confondre la condition nécessaire et la condition suffisante. Selon une formule chère à Jean Foucambert, être dans l'eau est certes une condition nécessaire pour apprendre à nager, toutefois, cela ne saurait suffire : il faut aussi travailler dans cette eau !

C'est une évidence : il faut lire, pour découvrir comment fonctionne l'orthographe française ; mais si l'on se contente de lire, on n'apprendra rien dans ce domaine. **Apprendre l'orthographe exige qu'on travaille les textes lus,** qu'on effectue sur eux, des « zooms », faisant apparaître les constantes et les variations et recherchant les raisons de ces dernières.

Dès lors, la démarche ne peut être que celle des autres activités d'étude de la langue :

Il s'agit d'utiliser les écrits lus et produits en diverses disciplines, et étudiés en lecture, dont on va, à partir d'un « zoom » sur un extrait, étudier en petits groupes tel ou tel fonctionnement orthographique, à partir d'une consigne proposée par l'enseignant et correspondant à l'un des deux axes évoqués plus haut (relever et classer les terminaisons verbales de l'extrait ; relever et classer les mots présentant des doubles consonnes ; relever et classer les apparitions de la lettre « s » ou « x » en finale des mots du texte etc.).

Les constats effectués par les enfants, confrontés à ceux des autres groupes, sont mis au point avec l'aide de l'enseignant et formulés en termes de règle provisoire, à la fois comme règle de fonctionnement, et comme règle d'action, pour être archivés dans la documentation personnelle des élèves. Ils donnent lieu ensuite à des jeux d'entraînement à leur utilisation, afin d'en hâter leur réinvestissement dans les activités de lecture et de production. Ce que traduit le schéma suivant :

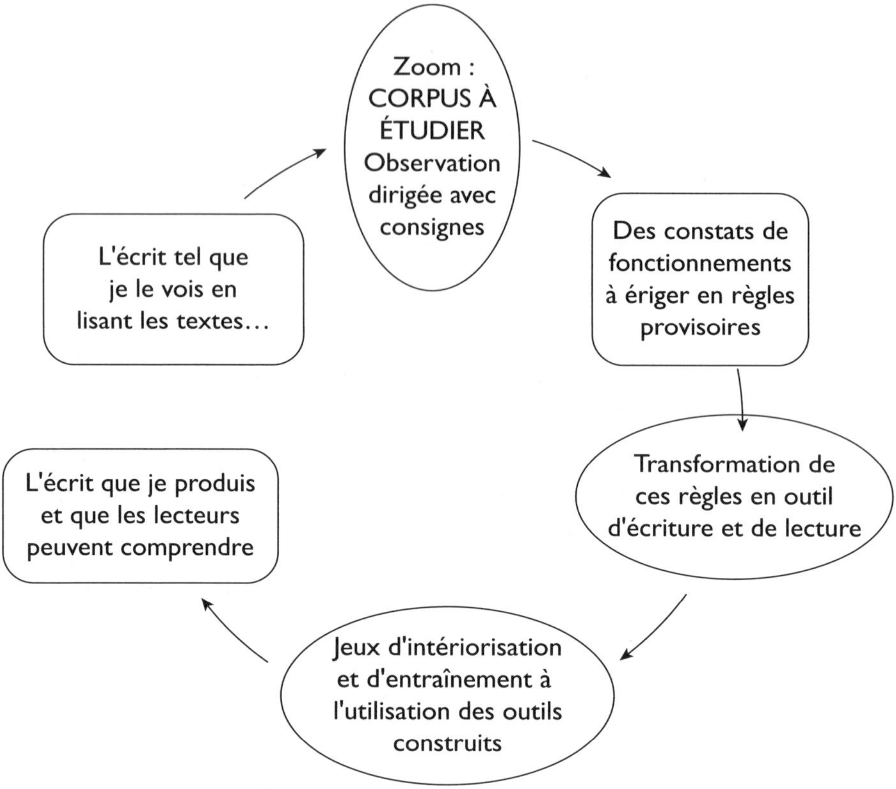

La démarche en orthographe ainsi conçue s'apparente beaucoup à la démarche en botanique. Il faut prélever des échantillons, les classer (et donc trouver des critères de classement), les comparer, les observer dans des environnements différents, les manipuler pour voir comment ils résistent et à quoi. Ce n'est qu'au terme de tout ce travail qu'on peut déboucher sur des hypothèses de règles (donc toujours provisoires !) se dégageant des constats effectués, hypothèses qui seront confirmées ou infirmées en fonction des exemples rencontrés ultérieurement. Précisons que ces règles doivent être transformées en outils de lecture et d'écriture, afin de devenir opératoires : *puisque j'ai observé tel phénomène, qui me permet de comprendre telle chose, j'en conclus qu'en lecture, je dois être attentif à... pour comprendre, et en écriture, je dois penser à respecter... pour me faire comprendre.*

La tâche de l'enseignant ici est donc d'organiser ces recherches, ces comparaisons, ces manipulations, à partir de situations-problèmes, dont la résolution s'effectue toujours en groupes, et qui débouchent sur des règles, de caractère hypothétique, qu'il faudra valider constamment à travers les exemples rencontrés dans les lectures et qu'on transformera en outils de lecture et de production.

En fait, les rôles des marques orthographiques sont au nombre de *quatre*, synthétisés dans le tableau suivant :

	Types de marques	***Classements possibles***	***Rôles des actions***
Objets d'étude	– les marqueurs de prononciation	– des phonies vers les graphies – des graphies vers les phonies	– établir une relation entre l'oral et l'écrit
	– les marqueurs de sens des mots	– ensembles de mots ayant des caractéristiques orthographiques communes (étymologiques ou non) – marques spécifiques des verbes ≠ de celles des noms	– faciliter le repérage des réseaux d'oppositions sémantiques (« paires minimales » orthographiques)
	– les marqueurs de classes de mots	– mots invariables ≠ mots qui peuvent varier – relations entre noms et qualifiants (marques de genre et de nombre)	– faciliter le repérage des classes grammaticales françaises
	– les marqueurs de relations entre les mots	– relations entre verbe et sujet (marques de personne et de nombre) – marques grammaticales liées à certaines transformations (pronominales par ex.)	– faciliter la compréhension des messages, par l'éclairage des relations entre les mots
Moyens d'étude	Activités de recensement, de comparaisons, de manipulations (transformations), de classements, des faits orthographiques des textes lus en diverses disciplines		

Il y a donc continuité et complémentarité entre l'enseignement de la combinatoire au CP-CE1, qui correspond au premier rôle évoqué dans le tableau, et celui de l'orthographe qui l'accompagne.

Aux cycles 1 et 2 organiser le travail autour de quatre axes principaux

Construction de savoirs sur la langue

Apprendre à lire et à écrire, – et c'est peut-être là sa plus grande difficulté, – ne peut se faire sans une opération de prise de conscience, de mise à distance, d'objectivation en quelque sorte, de la langue qu'on utilise quand on communique. C'est pourquoi nous disons qu'on « fait » de la grammaire dès l'école maternelle. Cette première forme de travail *métalinguistique*[25], porte, d'une part, sur la découverte et l'appropriation du **caractère arbitraire** du signe linguistique et de la langue en général. On sait que pour l'enfant très jeune, les mots doivent être « logiques », c'est-à-dire ressembler à ce qu'ils veulent dire : un gros animal doit avoir un nom important par sa taille… Une telle représentation de la langue doit avoir rapidement évolué, faute de quoi, l'essentiel de la maîtrise langagière risque d'être fortement handicapé. Les notions de « convention » et de « nécessité » constitutives du signe linguistique doivent être rapidement acquises, pour que l'accès à l'écrit et à la variation langagière puisse avoir lieu.

Elle porte, d'autre part, sur la découverte que la langue que l'on parle existe aussi sous une forme écrite et que l'écrit est un langage comme l'oral. Cela n'est pas évident en soi, notamment pour les enfants vivant dans un milieu où l'écrit est absent.

Observation, compréhension, acquisition des caractéristiques de l'écrit

Il s'agit ici d'aider les enfants à découvrir des notions, tout à fait nouvelles pour eux, celles de *textes*, de *phrases*, de *mots*, et de *lettres*, autant d'objets inconnus dans leur expérience quotidienne. Entendons-nous bien. Les enfants peuvent très bien avoir une expérience de la chose écrite, et n'avoir aucune idée de ce que ces mots signifient : notions et mots sont ici à découvrir, sans oublier tout ce qui se rattache à la combinatoire, et qui a été évoqué plus haut, comme l'importance du nombre et de l'ordre des mots dans la phrase et des lettres dans les mots.

Il faut noter que ces caractéristiques formelles de l'écrit, étant facilement repérables, puisque d'ordre visuel, sont plus aisées à découvrir pour l'enfant que les caractéristiques de l'oral : les données présentées en première partie de l'ouvrage permettent de comprendre l'extrême difficulté de ce travail phonologique. La notion de « lettres », voire de « mots » est infi-

25. On appelle « métalinguistique », tout travail de construction de savoirs **sur la langue.** De façon générale, un savoir est dit « méta », lorsqu'il constitue une prise de conscience du savoir lui-même.

niment plus aisée à construire que celle de « phonème » ; il s'ensuit que cette dernière ne peut apparaître qu'en second. Ce qui ne signifie pas qu'on ne puisse travailler sur l'écoute dès la petite section d'école maternelle, bien au contraire ! Mais, jouer sur des sonorités, apprendre à distinguer des bruits et des sons musicaux ou non, même découvrir des ressemblances sonores, comme les rimes par exemple, dans des chansons ou des comptines, n'a rien à voir avec la construction de la notion de phonème ! Mieux, c'est parce qu'on aura beaucoup affiné les capacités de perception auditive des enfants entre la petite section et la grande section d'école maternelle, qu'ils deviendront capables de repérer les traits pertinents abstraits des unités phoniques de la langue.

Prise de conscience et compréhension des éléments constitutifs de l'oral

Mettre en relation de l'oral et de l'écrit implique naturellement un travail sur l'appropriation des unités phoniques. Mais, contrairement à ce que l'on a cru à une certaine époque, il ne s'agit pas seulement d'un travail sur *l'écoute* et le repérage des éléments sonores de la langue, mais de la **construction d'une notion abstraite,** celle de *phonème* telle qu'elle a été définie au chapitre sur l'oral.

Mise en relation des unités de l'oral et de celles de l'écrit – construction de la combinatoire

Cette mise en relation, qui peut commencer dès la grande section, si les enfants ont suffisamment travaillé l'oral et l'observation de l'écrit de façon distincte, va consister essentiellement à découvrir :

- d'une part, une absence de correspondances terme à terme entre les segments oraux et les segments écrits : groupes phoniques et mots écrits, groupes de lettres et phonèmes ;
- mais, en même temps, l'existence d'un système organisé de corrélations entre ces phonèmes et ces graphèmes.

C'est là une des difficultés majeures de la chose : il serait très dangereux de tromper les enfants, comme on le fait depuis toujours et plus encore aujourd'hui, sous prétexte de leur faciliter l'apprentissage, en leur faisant croire que les lettres auraient des « sons » spécifiques (qu'on appelait des « costumes » à une certaine époque), qui permettraient de savoir à coup sûr comment s'écrivent les mots. En fait, se fier à « ce qu'on entend dans les mots » pour les écrire, risque fort souvent d'induire en erreur : j'entends le même son au début de « opticien » et de « obtenir », et pourtant les lettres sont fort différentes !

Mais, il serait tout aussi dangereux de faire croire que ces relations sont aléatoires : il existe des règles de corrélation, non symétriques, – les règles de corrélation « phonèmes/graphèmes » ne sont pas les mêmes[26] que celles « graphèmes/phonèmes », mais organisées en un *double système ;* c'est ce système que les enfants ont à construire. La difficulté d'un tel projet permet de comprendre que son achèvement puisse occuper tout l'ex-CE1, c'est-à-dire la troisième année du cycle des apprentissages fondamentaux, et qu'il ne soit évaluable qu'à ce moment ; même si sa construction a commencé bien plus tôt.

Au cycle 3, le travail sur la combinatoire n'est pas absent : les occasions d'y faire allusion, ou de s'en servir, ne manquent pas : elle se révèle indispensable à l'utilisation de la documentation orthographique (dictionnaire), dans la mesure où c'est elle qui permet de formuler des hypothèses de graphies possibles. Pour chercher le mot « horizon » dans le dictionnaire, il faut avoir une liste de graphies possibles pour la première syllabe : o- ; au- ; eau- ; ho- ; hau- ; heau- ; cette liste, c'est la combinatoire qui permet de la dresser. D'autre part, si, comme nous l'espérons, la pratique d'une langue seconde dès l'école primaire se répand enfin, on aura besoin d'introduire un travail de combinatoire comparée, langue maternelle/langue étrangère, indispensable à la maîtrise de l'oral en langue étrangère.

Mais il est progressivement supplanté par le travail sur l'orthographe et ses deux rôles, celui de reconnaissance lexicale et celui de marquage des relations entre les mots, comme cela a été évoqué plus haut.

– *rôle grammatical* des « lettres baladeuses », c'est-à-dire, quelles sont, par exemple, les règles d'apparition de la lettre « s », ou d'une autre en fin de mot.

– *rôle lexical* des oppositions de graphies correspondant à une même phonie : « dent/dans/d'en ».

Sans oublier le travail vers la maîtrise des dictionnaires d'orthographe.

26. Voir les tableaux de la combinatoire française p. 37 et suiv.

Synthèse des contenus à travailler sur le système graphique du français (orthographe et combinatoire)

Lieux d'intervention didactique	***Résultats attendus de l'intervention didactique*** Performances à accomplir : l'enfant doit devenir capable de…
Caractéristiques extérieures d'un discours écrit : – Rôle de la situation, du support, de la mise en page (mise en texte typodispositionnelle), etc. – Taille des caractères – Traits pertinents des lettres – Présence/absence de lettres dans les mots – Présence/absence de signes particuliers : ponctuation, majuscules, signes diacritiques, etc.	1. Percevoir visuellement des différences très fines, sur des images, des dessins abstraits, des groupes de chiffres et de lettres (maternelle). 2. Repérer et reconnaître les signes de ponctuation d'un texte à lire et les lettres majuscules et minuscules qui composent les mots, en désignant les traits pertinents qui permettent de les distinguer des autres, et ce dans les divers types de polices qui sont utilisés dans les écrits sociaux ; savoir les classer par familles (GS –CP). 3. Reconnaître deux messages comme semblables à travers des polices différentes (GS-CP). 4. Trouver rapidement, et sans avoir besoin de lire en détail, un mot dans un ensemble long, ainsi que les lettres retranchées ou ajoutées dans des messages très voisins : ex : « Il restait tout le jour »/ « il restait tous les jours » (CP-CE1). 5. Formuler, à partir d'une rapide exploration visuelle, des hypothèses sur le type d'écrit, et sur certains éléments de signification, en prélevant des indices sur le péritexte, la ponctuation, la présence de majuscules, la taille et les polices de caractères… (CP-CE1). 6. Formuler des hypothèses de signification sur des messages en prélevant des indices dans la présence et l'organisation des lettres : « un homme élégant »/ « un home élégant » ; ériger ces constats d'oppositions en règles d'écriture des mots. 7. Repérer les marques qui fonctionnent ensemble sur l'axe des relations entre les mots, à partir de comparaisons entre une phrase donnée et diverses transformations.

Enseigner l'orthographe autrement, Eveline Charmeux, Chronique sociale.

	8. Ériger ces constats en règles, jamais généralisables sur le fonctionnement de ces marques, et les raisons de leurs apparitions/disparitions simultanées.
	9. Réinvestir ces constats et ces règles en situations de productions d'écrits.
	10. Regrouper les mots présentant les mêmes caractéristiques orthographiques en familles formelles (ou étymologiques) de mots, mais jamais en familles sémantiques.
	11. Faire le bilan des graphies possibles (c'est-à-dire, rencontrées) correspondant à une prononciation donnée.
	12. Faire le bilan des prononciations possibles (c'est-à-dire, rencontrées) correspondant à une graphie donnée.
	13. Formuler des hypothèses de prononciation sur des syllabes artificielles, en les intégrant à des mots ou expressions connues.
	14. Formuler des hypothèses de graphies possibles du début d'un mot jamais vu, afin de savoir où le chercher dans le dictionnaire d'orthographe.
	15. Déterminer le degré de probabilité de ces graphies.
	16. Vérifier rapidement ces hypothèses dans un dictionnaire.
	17. Utiliser l'orthographe pour effectuer observations et analyses, notamment grammaticales.

Enseigner l'orthographe autrement, Eveline Charmeux, Chronique sociale.

Les activités à prévoir

Travailler sur l'énonciation, cela veut dire, **rendre les enfants capables d'utiliser l'orthographe quand ils écrivent** (et non quand ils font une dictée !). Or, ils ne peuvent le faire que s'ils en ont compris le fonctionnement, en étudiant les écrits qu'il a pu lire. C'est pourquoi, l'objectif énoncé plus haut ne peut être atteint en écriture à l'école primaire. Il ne serait pas mauvais de rappeler à nos collègues, profs de collège, que toute la scolarité obligatoire – donc jusqu'à la troisième – est disponible pour acquérir la maîtrise de l'orthographe : après l'école primaire, il reste quatre années pour approfondir et fixer cette maîtrise. Mais entre le CP et le CM2, ce qui importe, c'est la maîtrise de la justification des graphies, obtenue par un **travail continu d'observation des écrits.** L'orthographe est, comme tout les autres domaines du fonctionnement de la langue, une science d'observation.

Ce travail d'observation de l'orthographe française a commencé dès le cycle 2, avec le développement des compétences langagières, nécessaires à la lecture.[27] Mais dès le CE2, c'est un travail plus systématique qui s'impose, avec comme objectif l'appropriation des règles de fonctionnement des marques françaises de l'écrit.

La démarche est toujours la même : un corpus d'exemples avec une consigne de travail à mener en petit groupe (repérage, classement, transformations etc.). Les seules différences portent sur la détermination du corpus d'exemples, en fonction des objectifs de la séance de travail.

- S'il s'agit de travailler sur l'axe des relations entre les mots, le corpus doit être *un certain nombre de pages de textes lus auparavant,* réunies par l'enseignant qui aura souligné les détails orthographiques à travailler : par exemple, les mots terminés par la lettre S, ou ceux que terminent les deux lettres –nt, qu'il faudra classer en fonction du rôle joué par ces lettres en finale de mots (verbe précédé d'un sujet pluriel, adverbe, ou substantif).

- S'il s'agit de travailler les premières syllabes d'un mot, de manière à le trouver rapidement dans le dictionnaire, le corpus ne peut être que *le dictionnaire lui-même,* avec comme consigne de travail, de rechercher tous les mots commençant par telle ou telle syllabe sonore : [**Af**], par exemple.

- S'il s'agit de travailler certaines finales de mots, comme par exemple, ceux qui se terminent par la syllabe sonore [**té**], le corpus le plus fonctionnel est *le dictionnaire de rimes*.

- S'il s'agit de rechercher des finales de verbes, soit à partir de la marque (« où peut-on trouver une finale en –er, ou en –ez ? »), soit à partir d'une personne (« quelles sont les marques possibles après **tu ? »**), c'est *le dictionnaire de conjugaison* (Larousse, Hatier de préférence à Bescherelle, qui encombre l'ouvrage de considérations grammaticales, discutables qui plus est) qui doit servir de corpus.

La consigne de travail étant toujours du type : « observez, relevez, classer et justifiez votre classement ».

---

27. Voir, pour plus de détails, des mêmes auteurs *Animalire, outils d'enseignement de la lecture*, SEDRAP, 1995.

On peut formaliser l'ensemble de la façon suivante : itinéraire d'ensemble d'une démarche vers la maîtrise de l'orthographe

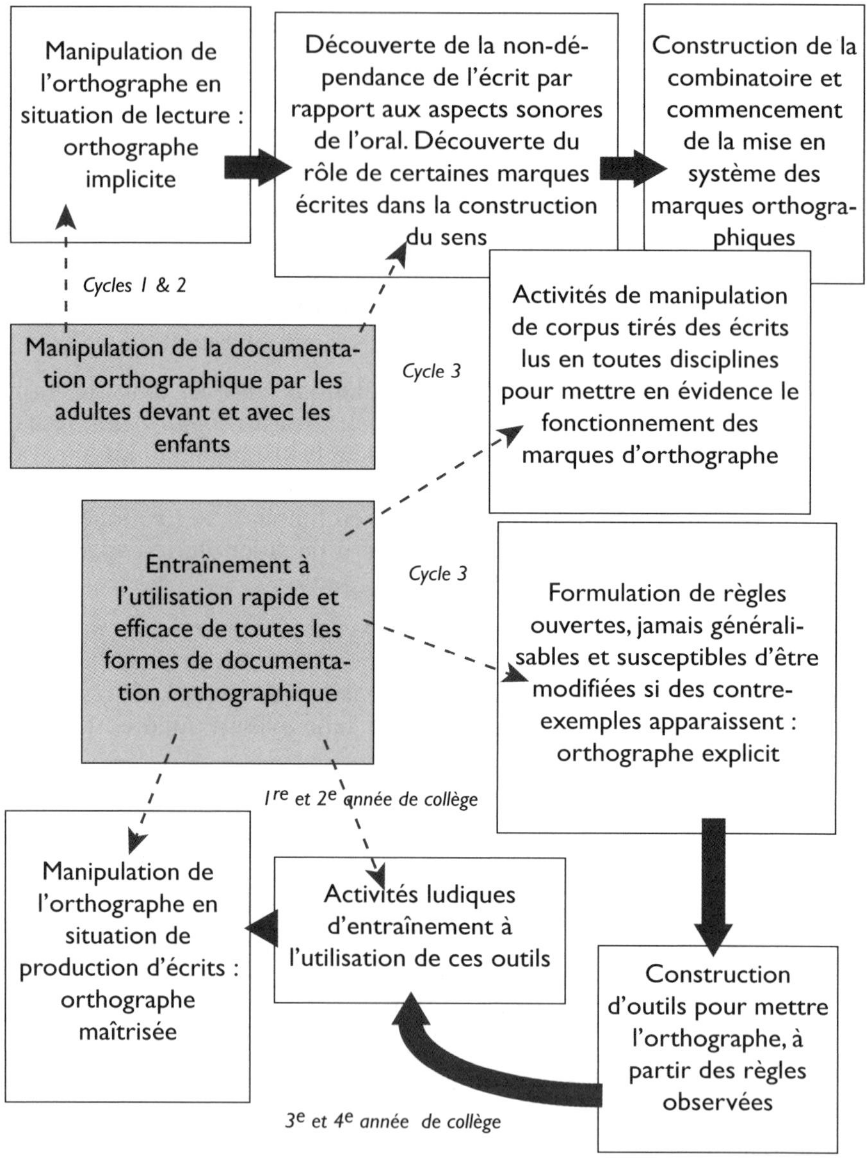

Enseigner l'orthographe autrement, Eveline Charmeux, Chronique sociale.

Où l'on voit que **l'objectif est bien à atteindre en fin de scolarité obligatoire** donc à la fin de la troisième de collège. À l'école primaire, l'orthographe fait encore l'objet d'apprentissage et sa maîtrise n'est qu'en voie d'acquisition.

Ce qu'on est en droit d'attendre, en revanche, et de façon très exigeante, c'est que toute graphie observée puisse être, à la fin du CM2, dûment justifiée. D'où l'importance, on le verra, d'activité d'évaluation pourtant sur des justifications de graphies.

Des exemples concrets, entre le CP et le CM2

Exemple 1

Un exemple au CP

Exemple extrait de l'ouvrage *Animalire*[28].

La classe a lu le conte suivant, adapté d'un conte de Ceylan par Claude Clément.

Le petit lion

Il était une fois un lion qui avait sept petits lionceaux. Six d'entre eux étaient fiers et costauds : ils savaient rugir de façon terrifiante, mais le dernier était câlin et peureux comme un tout petit agneau.

Il n'aimait ni rugir ni chasser et préférait s'amuser avec les autres animaux.

Un jour, le lionceau se baignait avec un jeune éléphant. Le lion, son père, les vit. C'en était trop ! Très en colère, il s'écria :

« Je ne veux plus te voir jouer avec les animaux au lieu de les chasser. Va-t'en d'ici ! Et ne reviens que lorsque tu sauras rugir ! »

Alors le lionceau s'en alla, tristement, dans la savane. Mais, au détour d'un chemin, il rencontra un petit singe très malin qui dansait et faisait des cabrioles. En le voyant, le petit lion rit, et bien vite ils devinrent amis.

Ils faisaient des acrobaties devant les animaux de la savane. Et les animaux de la savane, en échange, leur donnaient des morceaux de fruits et de noix de coco.

Le petit lion s'amusait bien avec ses nouveaux amis.

Un jour, pendant qu'il faisait la sieste, le singe donna un nouveau spectacle, très applaudi. Tout ce bruit attira le lion, qui déclara au singe :

« J'aime beaucoup tes pitreries, tes danses et tes acrobaties ! Viens donc habiter chez moi, tu ne le regretteras pas ! »

Mais le singe malin avait bien reconnu le père de son ami le lionceau ! Alors, très vite, il inventa une histoire et répondit au lion :

28. Charmeux et coll., *Animalire, op. cit.*

« Impossible ! Mon maître serait très mécontent et il me croquerait d'un seul coup de dent ! »

Le lion se demanda alors quel animal était assez fort, assez cruel et assez autoritaire pour se mettre ainsi en colère.

Le singe malin s'en fut aussitôt prévenir le lionceau et le réveilla en sursaut.

Affolé, il bondit et poussa un rugissement qui fit trembler tous les animaux. Le lion n'en crut pas ses oreilles. Et il n'en crut pas non plus ses yeux de voir que c'était son lionceau qui avait poussé ce cri.

Alors le lion, tout fier, le ramena chez lui. Depuis ce jour, le lionceau aime bien rugir. Et en plus, il amuse ses six frères, en faisant des cabrioles.

Comme un petit singe...

Après le travail de lecture, c'est-à-dire la construction du sens de cette histoire, le texte a pu être le support d'activités d'apprentissage divers, sur le fonctionnement de la langue, dont un travail sur l'orthographe, présenté ci-dessous, ici correspondant au travail sur l'axe des relations (orthographe dite « grammaticale »), la relation orthographique sujet-verbe.

Sur la photocopie, distribuée aux enfants (une par table de deux : les enfants travaillent ensemble), l'enseignant a souligné en rouge les différents [il] du premier paragraphe.

Consigne de l'enseignant : *Je vous ai distribué une photocopie d'un petit conte que nous avons lu ensemble. Dites-moi si vous le reconnaissez.*

Pour étudier le fonctionnement de la langue, on ne travaille que sur des textes connus des élèves : il est essentiel de ne pas accumuler les difficultés étrangères à l'objectif d'apprentissage.

L'enseignant : *Dans le premier paragraphe, il y a des mots soulignés en rouge : les reconnaissez-vous ?*

Les enfants : oui, c'est des [il], mais ils sont pas écrits pareils : y'en a qui ont un « s »

L'enseignant : *Je voudrais que vous regardiez le mot qui est à côté (à droite) des « ils » qui ont un « s »., et que vous compariez à celui qui est à droite de ceux qui n'ont pas d'« s ».*

Il n'est, bien sûr, pas question de parler de verbe ni de sujet (même si ces mots sont déjà connus de quelques enfants) : tant que les « notions » que recouvrent ces mots ne sont pas construites, il est dangereux d'utiliser ces mots. Il s'agit seulement de faire repérer un phénomène orthographique, qui est la relation entre deux types de marques. C'est la découverte sans explications grammaticales de ce phénomène qui permettra plus tard la COMPRÉHENSION de la relation sujet-verbe.

Les enfants : Les mots à côté, ils ont un « n » et un « t » à la fin, et pas quand le « il » n'a pas de « s ».

L'enseignant : *On va essayer de comprendre comment ça marche : quand on lit : « ils savaient rugir », qui est ce « ils » ? et quand on lit « il n'aimait ni rugir, ni chasser », qui est-ce « il » ?*

Les enfants : le premier c'est les grands frères costauds et l'autre, c'est le petit lion.

L'enseignant : *Oui, alors vous allez chercher où est écrit : « le lionceau s'en alla » et vous soulignerez « s'en alla ». Ensuite, vous cherchez « les animaux lui donnaient » et vous soulignez « donnaient ». Et vous comparez l'écriture des deux mots soulignés : que voyez-vous ?*

Les enfants : Quand c'est « les animaux » il y a le « n » et le « t » à la fin. Mais ils n'y sont pas quand c'est le lionceau.

On notera que le terme de « pluriel » n'est pas utilisé par l'enseignant. C'est qu'il faut éviter l'assimilation toujours dangereuse entre pluriel (notion grammaticale) et « pluralité ». Il faut habituer les enfants à repérer les marques orthographiques (et non s'appuyer sur le sens), faute de quoi, des mots comme « la foule » ou « la famille » seront interprétés comme des pluriels.

L'enseignant : *Maintenant, vous allez chercher dans le conte, tous les [il], ceux qui ont un « s » et ceux qui n'en ont pas, et ensemble vous allez chercher les mots que ces « ils » remplacent. Pendant que vous cherchez, j'écris les phrases au tableau.*

Il eût été probablement trop difficile pour des enfants de CP, de répondre d'emblée à cette question : aussi le travail précédent a-t-il eu pour but de poser des jalons vers la réponse en donnant aux enfants une clé (et qui fonctionne !), celle des marques orthographiques.

Réponses des enfants :

— « Il rencontra » : c'est le petit lion : c'est dit avant : le lionceau s'en alla.

— « Ils devinrent » : c'est le petit lion et le singe.

L'enseignant : *Pourquoi vous le pensez ?*

Les enfants :

— Parce que c'est tous les deux, qu'ils sont amis, et puis y'a des « s » et puis y'a « n » et « t » à la fin du mot à côté.

— « Ils faisaient » : c'est aussi le petit lion et le singe, parce que c'est pareil : y'a le « s » et les lettres « n » et « t » à la fin de l'autre mot

On note que la règle commence à se construire, sans vocabulaire grammatical. C'est la notion qui se construit.

L'enseignant : *Cherchez la phrase : « le lionceau se baignait avec un jeune éléphant ». Si je veux dire « il se baignait », comment je devrais écrire « il » avec un « s » ou non ?*

Petite contre-épreuve pour aider à l'appropriation du phénomène : en manipulant dans l'autre sens la règle va apparaître plus clairement. En plus, on aborde la règle d'action d'écriture

Réponses : Il faudra l'écrire sans « s » parce qu'il n'y a pas « nt » à l'autre mot.

L'enseignant : *Et si on veut remplacer « les animaux » par « il » ?*

Réponse : Là, il faudra mettre un « s » parce qu'il y a « nt » à la fin de l'autre mot.

La règle se construit doucement, sur un critère solide, celui des marques. L'apprentissage de l'orthographe est bien en marche.

L'enseignant : *Qu'est-ce qu'on vient d'apprendre ?*

Réponses : Quand il y a un « s » sur « il », l'autre mot a souvent à la fin un « n » et un « t ». Ça veut dire qu'il faut bien regarder les lettres à la fin des mots pour savoir ceux qui vont ensemble, parce que ça aide à bien comprendre quand on lit.

Avec les enfants et en conservant un langage qui leur est accessible, l'enseignant reformule alors cette règle en apportant le terme « d'accord », qui bien que très discutable, est sanctionné par l'usage et doit être connu des enfants. Le terme peut être donné, car la notion semble bien en voie de construction.

Exemple 2

Un exemple au CE1

Répondre à la question : À quoi sert en français la lettre « x » ?

Objectif

Achever la construction de la combinatoire française par l'étude du statut de deux lettres fort utilisées, la lettre X (et la lettre S).

L'objectif précis de la séquence est de rendre les enfants capables de répondre à la question : à quoi sert la lettre « x » en français ?

Déroulement du travail

Les enfants disposent des documents suivants, qui ont été rencontrés et utilisés antérieurement.

Document 1

Un serpent qui s'enfuit en courant,
ça n'existe pas.
Un serpent qui applaudit
À tout rompre, ça n'existe pas.
Un serpent qui crie à « tue-tête », ça n'existe pas.
Mais un serpent qui serpente en sifflant,
ça, oui, ça existe !

(R. Delpeuch)

Document 2

L'iule a un corps composé de petits anneaux rigides.

Chaque anneau porte deux paires de pattes.

Plus il a de pattes plus il est vieux.

Il peut avoir 700 pattes, au grand maximum...

Roxane fait une expérience avec une pile, des fils et une ampoule.

Tu veux voir ma collection de photos de motos ? Je peux dire qu'elle n'est pas mal : j'en ai plus de soixante ! En voilà déjà dix... Tu verras, la dixième est la plus réussie.

Document 3

Kicéki, le serpent,
parle tout le temps.
Il parle même en dormant.
Il parle aux fleurs, aux arbres, aux cailloux.
Il parle au vent, aux nuages et au soleil.
Kicéki est un serpent très bavard.

(R. Delpeuch)

Document 4 : (*Nature à lire*, p. 43)

Nom : l'iule

Famille : les mille-pattes.

Adresse : dans tous les continents, il préfère les recoins sombres et humides.

Taille : selon l'espèce, de quelques centimètres à 20 centimètres.

Alimentation : des débris de feuilles, de bois mort.

Signes particuliers : l'iule a un corps composé de petits anneaux rigides. Chaque anneau porte deux paires de pattes. Pour grandir, il change de peau : il mue. Et, à chaque mue, il s'allonge d'un anneau, et donc de quatre pattes. Alors, bien sûr, plus il est long, plus il a de pattes, et plus il est vieux !

Imagine un peu le temps qu'il lui faut pour avancer ces deux longues rangées de pattes ! Alors plus il en a, moins il va vite.

Et ne te fie pas à son nom. Il n'a pas 1 000 pattes... Selon les espèces, il peut en avoir de 18 à 700 grand maximum. C'est déjà beaucoup !

Signature du titulaire

Document 5 : (À nous le monde, p. 75)

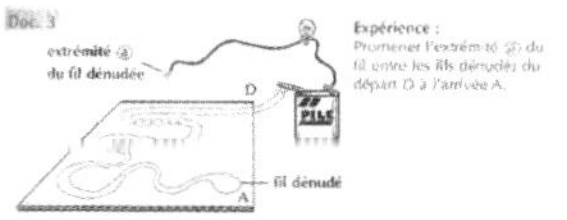

1- Première phase du travail

Après avoir bien rappelé ce qu'on sait de chacun des documents réunis ici, l'enseignant propose aux enfants réunis en groupes de trois la consigne suivante :

Dans plusieurs de ces documents, vous voyez des mots soulignés ; ils contiennent tous la lettre « x ».

Avec les camarades de ton groupe, prononce ces mots soulignés, puis classe-les dans le tableau ci-dessous.

J'entends [z]	J'entends [s]	J'entends [ks]	J'entends [gz]	Le X joue un autre rôle

Ensuite, vous observerez l'orthographe des mots placés dans la dernière colonne ? Quelles remarques pouvez-vous faire ?

2- Rapport des groupes et échange en grand groupe

Confrontation des réponses de chaque groupe, justifications de ces réponses, et avec l'enseignant, élaboration de la réponse à archiver :

La lettre « x » est une lettre-consonne qui joue plusieurs rôles en français.

1. Elle correspond à plusieurs sons-consonnes :

* [z] comme *dixième*
* [s] comme *soixante*

* [k] comme *excellente*
* [ks] comme *fixe*
* [gz] comme *exister*

2. *Elle joue un rôle de reconnaissance des mots*
   * *vieux, deux*

3. *Elle joue un rôle grammatical :*
   * dans certains petits mots qui accompagnent les noms, pour marquer le pluriel : *aux*
   * dans certains noms, quand ils sont au pluriel : *oiseaux*
   * dans certains verbes, précédés de « je » *je peux dire…*
   * dans certains verbes précédés de « tu » *tu veux…*

Commentaire et théorisation de la séquence

Apprendre l'orthographe, ce n'est pas apprendre des règles, plus ou moins scientifiquement formulées par d'autres, c'est avoir découvert comment la langue française se sert des lettres de son alphabet, quels rôles elle leur fait jouer (rôle spécifique et fort différent de celui que les autres langues qui utilisent ce même alphabet leur font jouer). Le caractère arbitraire de ces rôles doit impérativement être compris des enfants le plus tôt possible, si l'on veut qu'ils comprennent un jour comment fonctionnent les langues, notamment écrites.

Pour ce qui est de la lettre X, elle a, en français, trois grands rôles, tout comme la lettre S qui est étudiée dans la séquence suivante, et qui en a davantage encore.

Ici, trois types d'écrits servent de support à son étude : des écrits poétiques et ludiques d'une part, un écrit documentaire et un extrait de manuel scolaire scientifique. Il nous semble essentiel d'utiliser le plus souvent possible, en étude du fonctionnement de la langue, des écrits appartenant à d'autres disciplines que le « français », afin d'éclairer le plus tôt possible, le caractère transdisciplinaire de la langue.

La consigne proposée dans le manuel oriente l'attention des enfants sur la prononciation, c'est-à-dire sur le rôle « combinatoire » : ou si l'on préfère, sur les sons qu'elle transcrit en français.

L'activité proposée permet d'aller plus loin avec le tableau qu'il s'agit de remplir et qui permet de découvrir un autre rôle, qui n'a pas à être davantage défini par les enfants : (nous ne sommes qu'au CE1), mais qui le sera un peu plus par l'enseignant lorsqu'il fera lire et archiver la réponse proposée.

Activités de réinvestissement lecture

Consigne 1 – Pour le travail de groupe

Dans les phrases ci-dessous, on a souligné les mots (ou expressions) contenant la lettre X.

Entraînez-vous à prononcer les mots soulignés puis classez-les dans le tableau, dans la colonne qui convient.

Le lièvre court à trente-six kilomètres à l'heure. C'est une proie facile pour le guépard !

Trente-six espèces de félins existent dans le monde.

Les griffes du bébé guépard sont rétractiles, puis elles deviennent fixes lorsqu'il grandit.

Le chat a une vue excellente. C'est un chasseur redoutable.

Les petits du lynx naissent aveugles et n'ouvrent les yeux qu'au bout de quinze jours. Pourtant ne dit-on pas « avoir un œil de lynx » ?

Dans un documentaire, on nous explique comment le lion chasse.

La mère lionne avait mis au monde sept lionceaux ; six d'entre eux étaient costauds, le dernier était peureux.

« Je ne veux plus te voir ! » dit le lion.

« Mon père ne veut plus me voir ! » se lamentait le petit lion.

Le lionceau rencontra son ami le singe et il apprit à faire des sauts périlleux et des tours extraordinaires.

Les autres animaux leur donnaient des noix de coco lorsqu'ils avaient réussi un saut périlleux.

La lettre X correspond à un son dans la prononciation du mot	La lettre X joue un autre rôle

Consigne 2 – Pour chacune des propositions suivantes, cherchez un mot ou une expression qui convient

– La lettre X joue un rôle dans la liaison entre deux mots et on entend le son-consonne [z]

....

– La lettre X est à la fin d'un verbe conjugué avec « JE » ou « TU » :

....

– La lettre X est à la fin d'un mot qui s'écrit pareil au singulier et au pluriel :

....

Consigne 3 – Dans la deuxième colonne du tableau intitulée « la lettre X joue un autre rôle », entourez :

– en bleu, les mots dont la lettre « X » indique le pluriel.

– en vert, les mots qui se terminent toujours par la lettre « X ». Vérifie sur ton dictionnaire.

(Notez toutes vos remarques pour en parler avec ton enseignant et vos camarades.)

Les activités de réinvestissement lecture proposent sur d'autres extraits de textes un autre tableau simplifié, que des questions permettent d'affiner : ce travail peut au gré de l'enseignant être mené collectivement ou par petits groupes.

Activités de réinvestissement écriture

Consigne 1 – Réécris les expressions suivantes en faisant les transformations demandées : attention à l'orthographe. Aide-toi du travail précédent.

le vieux lynx → les ....

il veut venir → tu ....

des animaux sauvages → un ....

des oiseaux peureux → un ....

le beau cheval → les ....

je peux partir → elle ....

Consigne 2

Avec les camarades de ton groupe, vous allez chercher le plus de mots possible contenant la lettre X et vous allez écrire avec ces mots une comptine ou un poème. Pour vous aider, voici des mots commençant par cette lettre, avec leur sens et d'autres qui en ont une à l'intérieur. Tu peux en chercher d'autres.

*Le **xylophone** pour faire de la musique*

*Une personne **xénophile :** qui aime les étrangers*

*Une personne **xénophobe :** qui n'aime pas les étrangers*

*Du **Xérès,** c'est un vin d'Andalousie*

*Le **xérus** est un petit écureuil d'Afrique*

*Les insectes **xylophages** mangent le bois : ils peuvent détruire les maisons quand ils s'attaquent aux poutres*

Tu peux penser aussi aux Taxis, Axes, Textes, Fax

Objets fixes

Ainsi qu'à la boxe, sans oublier la box, le chien Rex, la Chapelle Sixtine, etc., etc.

Et, pour vous amuser extraite d'une comptine sur tout l'alphabet écrite par le grand poète Boris Vian, la strophe des « X comme Xavier »

> *(musique : J'ai du bon tabac)*
> *Xavier et Xénia jouent du xylophone*
> *Boivent du xérès et lisent Xénophon*
> *Ni l'un ni l'autre ne sont xénophobes*
> *Ni xylographes ou même saxons*
> *Et quand tous les deux se sentent xérophages*
> *ils mangent des lentilles ou bien des Soissons*

Le réinvestissement écriture propose un petit exercice d'orthographe, puis une situation d'écriture-jeu avec des mots contenant la lettre X. Il va de soi que ce travail d'écriture doit être précédé d'une collecte collective du plus grand nombre de ces mots, laissés au tableau à la disposition des enfants, et, bien entendu, largement expliqués. On découvre alors que les enfants adorent les mots compliqués et nouveaux.

Un exemple au CE2 : les marques de genre dans le groupe nominal

Exemple 3

Il en est de l'opposition masculin/féminin, comme de l'opposition singulier/pluriel : le vrai problème est un problème de confusion d'autant plus grave qu'elle est plus ancienne. Depuis quasiment toujours, on associe le genre féminin ou masculin, à la différence fille/garçon. C'est poser le problème complètement à l'envers. La différence féminin/masculin, est une **différence de fonctionnement des mots,** repérable d'abord à la présence de déterminants différents dans les deux familles. Et c'est cette différence de fonctionnement qui est utilisée pour traduire parfois la différence de sexes chez les êtres animés, humains et animaux ; et non l'inverse.

On constate, de fait, que même dans ces cas, la catégorie de genre ne suit pas les différences de sexe : on parle d'un *rat femelle,* avec des GN tous au masculin, ou d'une *souris mâle*, avec des adjectifs au féminin. Même pour les hommes, on parlera *d'une ordonnance zélée et dévouée, au service du colonel,* sans mettre la virilité de ce militaire en question pour autant ! De même, on dira *que le roi du Maroc est une importante personnalité reçue en grande pompe à l'Élysée,* sans que le dit Roi ne se sente outragé par la formule. Quand on interprète le genre comme correspondant au sexe, on crée, pour les élèves et les collègues des classes suivantes, de grosses difficultés : comment faire comprendre que *le cassis* soit plus masculin que *la groseille ;* et quant au sexe du *fauteuil,* il se révèle fort difficile à trouver !

C'est pourquoi, il nous semble qu'au CE1, il faut traiter cette catégorie du GN uniquement par les déterminants et les marques d'orthographe : les problèmes de signification et de rôles dans la langue viendront plus tard.

Autre problème : depuis quasiment toujours, on traite cette question en terme de « fabrication » : « comment mettre le féminin dans les adjectifs ? » Comme si on « mettait » le féminin quelque part ! Comme si le féminin venait « après » le masculin ! Que je sache, aujourd'hui, même si Ève, dit-on, aurait été créée après Adam, masculin et féminin sont parfaitement contemporains.

La question n'est donc pas de savoir « mettre le féminin », mais **de savoir distinguer le féminin du masculin dans les groupes du nom.** C'est pourquoi, l'angle d'approche doit être : « À quoi voit-on qu'un GN est masculin ou féminin ? ». Une telle leçon doit bien sûr être précédée d'un travail de grammaire destiné à **construire les notions** de masculin et de féminin, en évitant avec soin de les assimiler à celles de garçons et filles.

Déroulement du travail

On a proposé aux enfants réunis en groupes de trois les deux textes suivants, où le premier GN sujet est entouré de jaune (selon la proposition de symbolique colorée de E. Genouvrier) : entre le CE1 et le CM1, on navigue entre les termes de « groupes jaunes » et de « sujet du verbe », afin de permettre à la notion de bien remplir le sens du mot « sujet » (jamais employé sans complément !)

Texte 1

La fourrure du renard polaire est blanche, épaisse, et duveteuse. L'hiver, elle se confond avec la neige.

Le renard roux, a une tête en triangle, un museau pointu, des yeux perçants. Sa fourrure est rousse et blanche sous le ventre. Elle est très épaisse et chaude.

Texte 2

Le pelage du renard polaire est blanc, épais et duveteux. L'hiver, il se confond avec la neige.

Le renard roux a une tête en triangle, un museau pointu, des yeux perçants. Son pelage est roux et blanc sous le ventre. Il est très épais et chaud.

Les enfants sont invités

1. à reconnaître dans le *texte 1* un extrait d'un écrit documentaire sur les renards, lus auparavant ;

2. à observer ce qui est différent dans le *texte 2*, et à retrouver la notion de genre féminin ou masculin, travaillée précédemment.

On aboutit au constat suivant : que ce second texte est une réécriture du premier à partir du mot « fourrure » que l'on a remplacé par celui de « pelage », c'est-à-dire que l'on est passé d'un texte dont le GN principal était au féminin, à un texte où ce GN principal était au masculin.

On observe aussi que des mots sont soulignés dans chacun des textes.

La consigne donnée aux groupes est de souligner, dans chacun des deux textes, les déterminants (les « petits mots ») des GN qui accompagnent les mots soulignés, les adjectifs, et de remplir le tableau suivant, qui accompagnait les textes sur la feuille distribuée à chaque groupe.

	« fourrure »	*« pelage »*
Les déterminants		
Les adjectifs		

L'échange en grand groupe permet d'expliciter bien clairement les transformations opérées quand on passe de « fourrure » à « pelage ». Une dernière manipulation va permettre alors d'aller un peu plus loin, avec la consigne suivante : Cherchez dans chacun des deux textes les mots qui remplacent « fourrure » et « pelage », quand on ne veut pas les répéter.

On aboutit, avec l'aide de l'enseignant, à une formulation finale, qui peut prendre à peu près cette forme :

On peut savoir si un GN est masculin ou féminin, de trois manières :

- *En observant les déterminants qui accompagnent le nom* ***au singulier*** *(au pluriel, ils sont les mêmes). Mais dans certains cas, ça ne suffit pas :*
  - quand il a la forme « l'» qui est semblable au masculin et au féminin : on peut alors les distinguer en remplaçant « l'» par le déterminant « un » ou « une »,
  - quand il a la forme « mon », qui apparaît quelquefois aussi au féminin : on peut alors utiliser le même moyen que pour l'.
- En observant les autres mots du GN, qui ont des marques orthographiques particulières au féminin en finale : parfois un -e, parfois une finale très différente de celle du masculin.
- Si le GN est le sujet du verbe, on cherche s'il peut être remplacé par « Il » (ou « ils ») ou par « elle » (ou « elles ») ; dans le premier cas, le GN est masculin ; dans le second cas, il est féminin.

Des activités de réinvestissement peuvent alors être proposées un peu plus tard

Jouer avec les homonymes de genre différent, en donnant le déterminant qui convient, dans les phrases suivantes :

- *Les marins ont hissé (le ou la) voile : elle claque dans le vent et le bateau va bientôt prendre le large*
- *La mariée porte (un ou une) voile très long sur sa couronne.*
- *Ne prends pas (ce ou cette) moule : il est trop petit pour un cake.*
- *Attention ne mange pas (ce ou cette) moule : elle est gâtée.*
- *Chaque élève a mis son bulbe de jacinthe dans (un ou une) vase.*
- *Les oiseaux palmipèdes fouillent (le ou la) vase en quête de nourriture.*
- *Grand-père a toujours besoin de faire (un ou une) somme après le déjeuner.*
- *Un million d'euros, c'est (un ou une) énorme somme !*

Les correspondants de la classe, également en CE2, avaient envoyé à la classe des « mots-valises » qu'ils avaient fabriqués pour nommer des animaux imaginaires *:* un giracéros, une dromavette, un rafelionquin, accompagné de sa rafelionquine.

Pour leur répondre, les enfants sont invités à inventer d'autres noms d'animaux imaginaires, féminins et masculins, et d'écrire une petite histoire avec, en utilisant ou non ceux qui sont proposés ici.

Un exemple au CM1 : première approche du problème de l'accord des participes passés

Exemple 4

Objectif et réflexions sur l'objectif

Rendre les enfants capables de justifier et d'utiliser les marques pertinentes des participes passés des verbes employés avec les auxiliaires avoir *et* être

> L'orthographe du système verbal français est à coup sûr la partie le plus difficile de toutes. Aucun cours, aucune explication ne peut aider les enfants à la maîtriser. Seul, un travail de manipulations et de recherches documentaires, fréquentes et régulières, peut y parvenir. D'où l'importance d'avoir sous les yeux des tableaux, à observer, sur lesquels des constats doivent être effectués par les élèves, constats qui seront érigés en règles provisoires avec classement, archivés et fréquemment consultés. C'est le sens de cette séquence (comme de la suivante du reste).

Les élèves sont invités

- à repérer les marques du participe passé en relation avec le type d'auxiliaire du verbe ;
- à découvrir le rôle de la pronominalisation du GN complément de verbe dans l'apparition de ces marques.

> On notera qu'il y a peu de ressemblance entre la réponse que nous proposons, et la fameuse et classique règle de « l'accord du participe passé employé avec avoir ». Il faut dire que cette règle, pour célèbre qu'elle soit, n'en est pas moins largement incomplète, pour ne pas dire fausse.

Examinons-la : *« Le participe passé employé avec l'auxiliaire AVOIR, s'accorde en genre et en nombre avec le complément d'objet si celui-ci est placé avant. Si celui-ci est placé après ou s'il n'y en a pas, le participe passé reste invariable »*

Passons sur les oublis assez graves comme : « Des lettres ? Oui, j'en ai reçu ! » où il apparaît que le complément d'objet « EN » est bien placé avant le verbe, sans que le participe ne prenne ni les marques de genre ni celles de nombre.

Mais surtout, dire que parfois, le complément d'objet peut être placé avant le verbe, c'est oublier que c'est impossible (la caractéristique du complément de verbe est de se situer en français à droite du verbe), à moins qu'il n'y ait :

- 1- transformation pronominale de ce GN complément du verbe, ET que ce GN ait un déterminant de type défini (« le, ce, mon ») : *Tes lettres, je les ai reçues*, mais : *Des lettres, je n'en ai pas reçu.*
- 2- ou bien qu'il y ait une transformation interrogative : *Quelles décisions as-tu prises ?*

En fait, cette histoire d'accord du participe passé employé avec l'auxiliaire AVOIR, n'est qu'une des conséquences de deux transformations : la transformation pronominale et la transformation interrogative (type interrogatif de phrase). C'est sur cet aspect qu'il faut insister, et non faire apprendre cette règle pleine de charabia et inexacte.

Les activités de réinvestissement reprennent ces activités sous l'angle de la lecture, puis sous celui de la production.

Déroulement de la séance

La question à laquelle le travail doit répondre (= l'objectif d'apprentissage) est celle-ci :

« Comment s'écrivent les participes passés des verbes, employés avec l'auxiliaire être et avec l'auxiliaire avoir ? ».

Pour une première approche, il est important que les deux auxiliaires soient associés afin de percevoir les différences.

Les élèves, réunis en petits groupes de trois, reçoivent deux feuilles :

- La première contenant des extraits d'articles de presse lus auparavant, où les groupes sujets des verbes ont été mis en gras les groupes de verbes en grisés et les participes passés soulignés.

1- ***Le volcan de ce pays d'Amérique latine*** *est entré en éruption hier au soir.* ***Plus de 11 000 personnes*** *ont pu s'échapper à temps. Presque en même temps,* ***deux séismes*** *ont eu lieu dans le pays voisin et* ***un tremblement de terre*** *s'est produit au Salvador, mais* ***il*** *n'a pas fait de victimes.*

2- ***Une voiture*** *est entrée en collision avec un camion.* ***La conductrice*** *est restée coincée dans la voiture.* ***Les gendarmes*** *ont désincarcéré la victime et l'ont fait transporter dans un hôpital voisin.* ***Ils*** *ont procédé aux constats d'usage…*

3- ***Les classes de CM1*** *sont allées visiter le Zoo.* ***Elles*** *ont vu deux petites girafes qui étaient nées la semaine précédente.* ***Elles*** *les ont photographiées.*

• La seconde, avec le tableau vide suivant à remplir, à partir de la consigne suivante : *Vous allez classer les participes soulignés dans les cases du tableau qui conviennent, et vous direz ce que vous avez observé sur la relation qui unit l'orthographe du participe et l'auxiliaire avec lequel il est conjugué*

	Prend les marques de genre et de nombre du groupe sujet du verbe	Prend les marques de genre et de nombre du complément de verbe	Reste au masculin singulier
Auxiliaire avoir			
Auxiliaire être			

L'affichage des tableaux et le rapport de chaque groupe justifiant le classement proposé, permet, avec l'aide de l'enseignant de dégager un constat érigé en règle provisoire (et archivées dans les cahiers personnels des élèves) règle qui peut prendre la forme suivante :

Quand ils sont à un temps composé, les verbes n'apparaissent que sous la forme du participe passé : c'est l'auxiliaire qui se conjugue et change de forme selon les temps et les personnes. Mais on a observé que les marques du participe passé varient selon l'auxiliaire.

Quand l'auxiliaire est le verbe « avoir », le participe passé garde les marques de masculin singulier, quel que soit le GN sujet : Deux séismes ont ***eu*** *lieu ; Elles ont* ***vu****...*

Mais, si le GN complément du verbe apparaît sous la forme d'un pronom, alors, il prend les marques de genre et de nombre de ce GN complément de verbe : Elles les ont ***photographiées.***

Quand l'auxiliaire est le verbe « être », le participe passé prend les marques de genre et de nombre du GN sujet : La conductrice est ***restée*** *coincée.*

Ainsi formulée, cette règle (provisoire : on n'a pas encore repéré le rôle des déterminants définis et indéfinis dans ce fonctionnement), est parfaitement compréhensible aux enfants, et ce, d'autant plus qu'elle s'appuie sur des constats qu'ils ont eux-mêmes effectués.

Les activités de réinvestissement qui suivent

1- Un nouveau corpus d'exemples tirés d'articles lus auparavant est proposé

*Depuis l'an dernier, 29 villes ont **amélioré** la qualité de leur eau de baignade.*

*3 200 motards de Rennes ont **remis** un chèque de 28 000 euros aux Restos du Cœur.*

*Le responsable affirme : « Nous avons **travaillé** tous ensemble ».*

*Les auteurs ont **colorisé** le film d'animation entièrement à la main.*

*Les animaux, dont on parle dans cet écrit, ont tous vraiment **existé***

*La hausse des températures est **liée** à l'activité humaine, qui pollue l'environnement.*

*Les responsables ont **vu** débarquer une dizaine de gamins.*

*Mes gants, je crois que je les ai **laissés** dans mon tiroir.*

*Mes camarades de sport m'ont **offert** un tee-shirt.*

*Les ballons sont **montés** très haut dans le ciel.*

Il s'agit d'abord de repérer l'auxiliaire de chaque exemple, en les plaçant dans un tableau comme celui-ci :

Participes passés employés avec l'auxiliaire **être**	Participes passés employés avec l'auxiliaire **avoir**

Puis d'observer comment se terminent ces participes passés soulignés, pour les placer ensuite dans la case qui convient.

Auxiliaire « être » : le participe passé a les marque de genre ou de nombre du GNS	Auxiliaire « avoir » : le participe passé a les marques de genre et de nombre du complément de verbe	Auxiliaire « avoir » : le participe passé garde les marques du masculin singulier

2- Une nouvelle consigne permet d'éclairer le rôle du groupe sujet de verbe sur l'orthographe du participe

L'enfant a fui vers les marécages → ***Les enfants***..

Un hélicoptère a ratissé la campagne → ***Des hélicoptères***.........................

La chienne est revenue s'allonger sur le canapé → ***Le chien*** ....

Le jeune garçon s'est endormi → ***Les jeunes garçons***..................................

On a fouillé tous les terrains → ***Pompiers et gendarmes***............................

Une activité de production d'écrits termine le travail, et remplace avantageusement une évaluation scolaire, qui ne signifie rien immédiatement après le travail : il s'agit de rédiger un article pour le journal de la classe, faisant un reportage sur un événement qui s'est produit il y a quelque temps dans l'école. Le conseil est donné d'utiliser l'imparfait, le passé composé et le plus que parfait.

Exemple 5

Un exemple au CM1 : l'orthographe des homonymes

Objectif

Rendre les enfants capables de distinguer les différents homophones du mot [sò], en découvrant les règles d'apparition de ses différentes graphies.

C'est ici une séquence sur le rôle lexical de l'orthographe française : comment les différentes graphies d'un mot qui a toujours la même prononciation, est un moyen de comprendre ce qu'il signifie. Et c'est d'abord une occasion de rappeler que l'orthographe française ne traduit pas la prononciation, mais bien le sens, et qu'il est donc inutile, voire dangereux de chercher comment un mot se prononce pour savoir comment il s'écrit.

C'est à travers une observation comparée des phrases proposées, et de leur transformation pluriel et/ou singulier, que les enfants vont découvrir les règles d'orthographe du mot **[sɛ].**

On notera que notre propos est très différent des habitudes détestables des ouvrages traditionnels sur l'orthographe. Ceux-ci se contentent presque toujours d'opposer deux des homophones, correspondant à la leçon en cours (généralement « ces/ses », ou « c'est/s'est »). Cela n'apporte strictement rien aux élèves, dans la mesure où il faut déjà avoir identifié les déterminants pour pouvoir utiliser la prétendue règle enseignée.

Nous mettons dans le même travail, TOUTES les graphies possibles de la syllabe en question, considérant que lorsque l'enfant a un doute, il y a peu de chances qu'il ait identifié la classe grammaticale à laquelle appartient le mot sur lequel il hésite. Et si l'on pense que c'est trop complexe pour un enfant de cet âge, cela signifie qu'il faudra sûrement y revenir et qu'il n'est peut-être pas question que ce soit acquis cette année. C'est en lui donnant du temps pour explorer la complexité d'une situation qu'on aide un enfant à la surmonter, et jamais en faussant cette situation sous prétexte de la simplifier.

Après un retour sur **[sɛ],** le réinvestissement propose le même type de travail sur d'autres syllabes homophones du français [ɔ̃] (on/ont) : [a] (a/à) [u] (ou/où) [ɛ] (et/est/ai/aie/haie etc.) [sɔ̃] (son/sont/sons). Précisons que ces syllabes ont intérêt à être traduites en signes phonétiques API, et non, comme sur certains exemplaires du manuel des élèves, sous une bizarre forme mêlant les lettres et les signes.

Déroulement du travail

Travail de groupes : les deux extraits de textes suivants, lus auparavant dans un journal local, sont distribués aux enfants.

1- Un drôle de visiteur

C'est aux environs de onze heures, hier, que la sirène a retenti à Barbaste, hier, pour alerter les pompiers qui ont dû procéder à la chasse au serpent. Un de ces splendides reptiles s'est échappé de son enclos ; il s'est introduit dans la maison de Mme Bouverot, habitée actuellement par **ses enfants.** *Les pompiers et le gardien ont fouillé dans les moindres recoins. Après de longues recherches, le gardien s'est résigné à abandonner la chasse.*

C'est un pêcheur de carpe qui a réussi à le piéger grâce à ses filets ! On tient cependant à vous annoncer qu'à ce jour, le reptile a retrouvé ses habitudes. Le gardien ne sait pas comment le reptile s'est échappé, mais c'est sûr, à Barbaste, on n'est pas près d'oublier **ces moments de frayeur !**

2- « La petite Cosette » est dans les kiosques !

« Notre école s'appelle Victor Hugo » **Ces élèves-là** *ont préparé une exposition-spectacle peu banal sur la vie du célèbre écrivain et quelques-unes de ses créations. C'est un travail de qualité qui s'est ainsi révélé : dialogues, chansons, arts plastiques. Certaines de ces œuvres ont même été dansées. L'expression corporelle change de la récitation traditionnelle, c'est plus vivant ! À Tonneins, maintenant, tout le monde sait qui est Victor Hugo.*

La première consigne de travail consiste à rechercher dans ces extraits les différents mots qui se prononcent [**sɛ**], et de les souligner.

Après vérification, il leur est demandé d'écrire au pluriel les mots soulignés en noir.

Les gardiens…

des pêcheurs

Les gardiens…

Puis, leur est proposé le corpus suivant où certaines expressions (en gras) ont été réécrites au singulier.

Il s'agit alors de rechercher dans les textes les expressions qui correspondent :

cet élève-là →……………………………………………………………
ce moment de frayeur →………………………………………………
son filet →……………………………………………………………
son enfant →…………………………………………………………

ce splendide reptile → ....
sa création → ....
cet écrit → ....
cette œuvre → ....

On leur demande enfin de noter, en travaillant ensemble, les constats suivants : [sè] s'écrit :

« ses » quand ....
« ces » quand ....
« sait » quand ....
« c'est » quand ....
« s'est » quand ....

L'échange qui suit permet alors, avec l'aide de l'enseignant, de découvrir que la manipulation (passer du singulier au pluriel ou le contraire) fait apparaître des différences de fonctionnement qui peuvent aider à distinguer les homonymes. On peut ainsi formuler des petites règles d'action (provisoires), qui peuvent prendre cette forme.

Lorsque des mots ont la même prononciation, mais pas le même sens, c'est souvent l'orthographe qui permet de ne pas les confondre : par exemple, les mots dont la prononciation est **[sɛ]**, *sont assez nombreux :*

- Le déterminant possessif s'écrit « ses » (au singulier, il s'écrit « son » ou « sa »)
- Le déterminant démonstratif s'écrit « ces » (au singulier, il s'écrit « ce » ou « cet »)
- Les formes qui appartiennent au verbe « savoir », s'écrivent « sait » ou « sais » selon la personne.
- En tête de phrase, on trouve souvent « c'est », qui sert de présentatif : « C'est un pêcheur de carpes »
- Suivi d'un verbe au participe passé, on trouve la forme « s'est » : « Le reptile s'est échappé »

Lorsque je lis, je dois bien regarder les lettres qui composent le mot : ce sont elles qui m'aident à le reconnaître.
Lorsque j'écris, je réfléchis au sens du mot, en m'aidant du contexte, et je vérifie l'orthographe dans le dictionnaire, en cherchant des exemples pour être sûr que je ne me trompe pas sur le sens du mot.

Activité de réinvestissement (toujours en travail de groupes)

1- Il s'agit de compléter les articles suivants (extraits de journaux locaux) avec les différentes écritures de [sɛ]

L'orchestre de l'école de musique de Clairac ------ produit à la salle Tivoli.

----- un jeune violoniste qui a interprété le premier concerto. ---- camarades lui ont succédé avec brio.

Nous félicitons le Directeur de l'école de musique et --- élèves.

Nous retrouverons tous ----- jeunes et brillants musiciens à l'occasion du festival.

La classe de CM1 de l'école Victor Hugo expose au centre culturel, une quinzaine de tableaux géants, sous le thème : « Tonneins, ----- ma ville ». Ils racontent leur propre vision de la ville avec--- monuments, --- quais, --- petits espaces verts.--- dans le cadre d'un PAC (projet d'action culturelle) que --- élèves ont fait un travail remarquable. La classe --- investie totalement dans ce beau projet. À voir et à visiter en famille.

2- Dans les 2 articles de la page précédente, on trouve d'autres <u>homophones</u>. Recherche les différents mots qui se prononcent [ɔ̃]. Recopie les extraits où ils sont employés, souligne-les et écris tes remarques :

On écrit « on » quand ....

On écrit « ont » quand ....

Tu peux comparer tes réponses avec celles de tes camarades.

3- Complète le texte suivant

Vacances de Pâques au centre de loisirs de Marmande

Les petits --- retrouvé leurs occupations habituelles : jeux en salle et à l'extérieur. --- se félicitera des nouveaux achats de matériel (trottinettes, échasses, petites voitures à pédales et tricycles).

Les plus grands des classes élémentaires --- à leur disposition des ordinateurs multimédias. Ils --- aussi la possibilité de suivre une petite initiation au judo.

Les animateurs --- mis en place un programme sympa pour tous ! À Lolya, --- beaucoup de chance !

4- Dans tes lectures et dans l'écriture de tes textes, tu rencontres souvent ces homophones grammaticaux qui se prononcent [A], [u], [ɛ], [sɔ̃]…

Cherche, dans d'autres articles de journaux, des phrases où ils sont employés et écris-les sur ton cahier.

Avec les camarades de ton groupe, essaie de comprendre leur emploi.

Exemple 6

Un exemple au CM2 : l'orthographe des participes passés

Il nous a paru intéressant de reprendre le travail sur l'accord du participe passé au CM2, afin de faire apparaître la progression dans la formulation de la règle : au CM2, les deux cas de pronominalisation vont être découverts. C'est pourquoi, il faut ici deux séances qui se suivent pour que les choses soient bien comprises par les enfants.

Objectif

Faire découvrir le rôle des déterminants (définis et indéfinis) dans le fonctionnement de la pronominalisation du GN complément de verbe, et dans ses conséquences sur l'orthographe du participe passé.

Quelques semaines auparavant, deux séances ont été vécues en grammaire sur les notions de déterminants définis et indéfinis. Cette séance est une reprise, sous un autre angle de ce travail précédent.

Il s'agit ici de travailler la pronominalisation du GN complément de verbe, dont on sait qu'elle conditionne en fait l'orthographe du participe passé. Contrairement à la prétendue règle que l'on psalmodie à loisir depuis des lustres, l'orthographe du participe passé des verbes employés avec l'auxiliaire avoir ne dépend pas de la place du complément de ces verbes, mais de leur pronominalisation. Un complément de verbe, en effet, (le fameux « COD)», ne peut changer de place, puisque c'est ce caractère inamovible qui permet de le distinguer du complément de phrase : « Le boulanger travaille le pain » et « le boulanger travaille la nuit ».

La prétendue règle que l'on connaît, non seulement néglige ce détail pourtant capital, mais oublie en plus, que pour des phrases comme « Des livres, j'en ai lu beaucoup », le COD est bien placé avant le verbe (c'est le pronom « en ») et pourtant, le participe passé ne prend pas les marques de « livres ». L'objectif de cette séquence est donc de remettre les pendules à l'heure, et de permettre aux élèves de construire une règle qui fonctionne, et non d'apprendre un « machin » incomplet et largement inexact.

Séance 1. Déroulement

Objectif

Faire découvrir la variation de la pronominalisation des GN compléments de verbes : *j'ai regardé la télévision → oui, je l'ai regardée/J'ai mangé des bonbons → oui, j'en ai mangé.* Et les aider à découvrir la raison de cette différence.

Travail de groupe

Le corpus suivant de phrases déjà rencontrées est proposé. On a pronominalisé les compléments de verbe de chaque phrase.

1. *Le secouriste apprend <u>les gestes qui sauvent</u> → Le secouriste <u>les</u> apprend.*
2. *Il apprend <u>des gestes importants</u>. → Il <u>en</u> apprend.*
3. *Il apprend <u>plusieurs gestes importants</u>. → Il <u>en</u> apprend plusieurs.*
4. *Il apprend <u>un geste important</u>. → Il <u>en</u> apprend un.*
5. *Il apprendra le bon geste. → Il l'apprendra.*
6. *À la montagne, le sportif respecte la réglementation. → Il la respecte.*
7. *Le randonneur respectera les consignes du guide. → Il les respectera.*
8. *Les élèves respecteront le règlement. → Ils le respecteront.*
9. *À la fin de chaque étape, le groupe envoyait des messages. → Il en envoyait.*
10. *Le groupe envoyait quelques messages SMS. → Il en envoyait quelques-unes.*

La consigne de travail reprend la leçon précédemment donnée sur les notions de déterminants définis et indéfinis. Elle invite les enfants à remplir le tableau fourni qui accompagne le corpus :

		GN complément	**Forme pronominalisée du GN complément**
Le déterminant est défini	*masc sing*		
	fém sing		
	masc plur		
	fém plur		
Le déterminant est indéfini	*masc sing*		
	fém sing		
	masc plur		
	fém plur		

Cette consigne est accompagnée des questions suivantes :

- Dans quel cas le pronom dépend-il du genre et du nombre du GN ?
- Dans les phrases proposées, entoure le verbe en rouge. Où le pronom vient-il se placer ?

- Observe les phrases dans lesquelles on trouve la forme pronominalisée du déterminant (en italique). Dans quel cas la rencontre-t-on ? Où vient-elle se placer ?

L'échange en grand groupe sur les tableaux remplis et les propositions de réponses aux questions aboutit à une réponse, élaborée avec l'enseignant qui peut avoir la forme de :

Quand on veut remplacer un GN complément de verbe par un pronom, le pronom utilisé dépend du déterminant de ce GN :

– s'il est défini (s'il appartient à la famille : le, ce ; mon), le pronom a la forme « le », « la », « les » ou « l'», selon le genre et le nombre du GN : les gestes qui sauvent → le secouriste les apprend

– s'il est indéfini (s'il appartient à la famille « un », « une », « des », « quelques », « plusieurs » etc.), le pronom est « en », quels que soient le genre et le nombre du GN ; pour certains indéfinis, on trouve aussi à droite du verbe, une forme pronominalisée du déterminant : le groupe a envoyé quelques messages → le groupe en a envoyé quelques-uns.

Dans tous les cas, le pronom (« le » ou « en ») vient se placer à gauche du verbe.

Activités de réinvestissement

Activité 1 : Il s'agit de repérer le pronom dans la seconde partie de chaque phrase, en soulignnat le pronom et le GN pronominalisé.

1- Pour protéger la flore, on doit surveiller la cueillette ; le préfet la réglemente.

2- Des biotopes pourraient être menacés ; le Conservatoire du littoral doit en protéger le plus possible.

3- Lorsque ces plantes sauvages rares sont localisées, les botanistes les étudient.

4- Des plantes vraiment rares devront être conservées : les ingénieurs en cultivent quelques-unes dans les laboratoires.

5- Notre patrimoine végétal sauvage est précieux : les conservatoires botaniques ont pour rôle d'informer et d'éduquer le public pour l'inciter à le respecter.

Activité 2 : Il s'agit de répondre aux questions suivantes en écrivant une phrase complète. Et en soulignant le pronom. Un exemple corrigé est toujours proposé.

Dans les grandes villes, surveille-t-on la pollution atmosphérique ? Oui, on la surveille.

La pollution a-t-elle atteint le niveau 3 ?

Le préfet va-t-il mettre en place le dispositif d'alerte ?

Prendra-t-il des mesures de restriction ?

Informera-t-il le public de ces mesures ?

Les voitures qui circulent ont-elles la pastille verte ?

Risque-t-on de manquer d'eau un jour ?

Ne devrait-on pas prévoir quelques journées sans voitures ?

Activité 3 :

Le début de ce poème de J. Prévert (*Drôle d'immeuble*, feuilleton) est proposé aux élèves avec la consigne de le continuer, sur le thème de la faune et de la flore marine

L'homme est réveillé par le bruit de la mer
il voit <u>le coquillage</u>
il lui sourit
il veut le prendre avec les mains
mais le coquillage s'enfuit...
il voit des ----
il -----
il ----
mais ----

Séance 2. Orthographe des participes passés

Objectif

Complément évident de la précédente séance de grammaire, celle-ci aborde clairement la question de cette célébrissime règle d'écriture du participe passé des verbes transitifs aux temps composés.

Un tableau à remplir, à partir des constats effectués lors d'une comparaison, est le meilleur moyen de faire la synthèse des cas possibles : chacun des facteurs à prendre en compte se trouve ainsi explicité : la nature définie ou indéfinie du déterminant, la pronominalisation, le genre et le nombre du GN pronominalisé, et les conséquences orthographiques sur le participe passé.

On a donc proposé aux enfants les deux tableaux suivants : le premier pour repérer les formes pronominalisées des compléments de verbe de chaque phrase ; et le second à remplir.

	Phrases avec un GV contenant un GN complément de verbe	*Phrases dont le GN complément de verbe a été pronominalisé*
A	Le joueur avait respecté <u>les règles.</u>	Le joueur **les** avait respectées.
B	Le chauffeur a respecté <u>la priorité.</u>	Le chauffeur **l'**a respectée.
C	Mon amie aura manqué son train	Mon amie l'aura manqué
D	La candidate a reconnu tous les panneaux.	La candidate les a tous reconnus.
E	Le candidat a reconnu un panneau.	Le candidat en a reconnu un
F	Le joueur a gagné quelques parties.	Le joueur en a gagné quelques-unes.
G	Le joueur n'avait gagné que deux parties	Le joueur n'en avait gagné que deux
H	Nous avions suivi les voitures.	Nous les avions suivies.
I	Vous avez acheté beaucoup de cadeaux	Vous en avez acheté beaucoup
J	Tu m'as apporté mes affaires	Tu me les as apportées

Complète le tableau ci-dessous.

N° phrases	*1* *Déterminant du GN complément du verbe*	*2* *GN pronominalisé*	*3* *Genre et nombre de ce GN*	*4* *Orthographe des formes verbales*
A				
B				
C				
D				
E				
F				
G				
H				
I				
J				

L'échange en grand groupe a pour but d'amener les enfants à répondre aux questions suivantes :

En comparant les réponses de la colonne 1 et de la colonne 2, pourquoi le participe passé du verbe a-t-il changé de marques ?

Quel rôle joue le déterminant du GN complément de verbe dans ces changements ?

Puis, en comparant les réponses des 4 colonnes, que peut-on dire sur le fonctionnement de l'orthographe du participe passé des verbes, quand ils ont un complément sans préposition ?

La réponse qui va sortir de cet échange peut avoir à peu près cette forme :

L'orthographe du participe passé des verbes qui ont un complément sans préposition est également modifiée lorsque ce complément est remplacé par un pronom.

On a observé, la dernière fois, que le pronom utilisé ***dépend du déterminant du GN :*** *il est du type « le, la, les » si le déterminant est défini ; il a la forme « en », suivi parfois d'une forme pronominalisée du déterminant, si le déterminant est indéfini (article indéfini ou autre déterminant indéfini) :* ***des messages, le groupe en a envoyé quelques-unes.***

On vient de voir une conséquence supplémentaire, lorsque le verbe est à un temps composé, avec l'auxiliaire « avoir » : l'orthographe du participe passé des verbes, dépend, dans ce cas, du type de pronom utilisé :

- *si le pronom est de forme « le », « la », « les » le participe passé prend les marques de genre et de nombre du GN pronominalisé :* ***ces balises, le cycliste ne les avait pas reconnues.***
- *si le pronom est « en », le participe garde la forme du masculin singulier,* ***Vous en avez acheté beaucoup.***

C'est ce qu'on appelait, dans les anciennes grammaires, : « l'accord du participe passé employé avec l'auxiliaire avoir »

Activités de réinvestissement : elles portent sur

- une réutilisation directe de ce qui vient d'être appris, par un choix de référent au pronom présent dans les phrases, donc une utilisation des marques orthographiques pour comprendre.
- ensuite, un exercice à trous dont les réponses doivent absolument être justifiées (c'est toujours la justification qui compte, pas la réponse)

• une réécriture avec variations de nombre, du très beau poème de J. Prévert : « la fenêtre que quelqu'un a ouverte… »

Activité 1

Il s'agit d'entourer le GN qui est pronominalisé, et d'expliquer ce qui permet de répondre.

Les lois Les règlements	Nous les avons appliqués.
Le code La convention	Nous l'avons respecté.
Des règles de vie Le règlement	Nous en avons écrit.
La loi Une règle	Nous l'avons respectée.

Activité 2

Classique exercice à trous : il s'agit de recopier les phrases en écrivant le participe passé comme il doit être écrit et de justifier tes choix.

Les animaux menacés, on les a class… en trois catégories.

Les espèces qui sont en train de disparaître, on les a nomm… : ce sont le gorille, l'éléphant et la baleine.

On les a protég… en interdisant tout commerce.

D'autres espèces sont déclarées en danger, on en a cit… quelques-unes comme le singe, le perroquet ou le boa.

Cette réglementation est très stricte ; on l'a appliqu… aux espèces elles-mêmes aussi bien qu'aux produits comme la fourrure, l'ivoire…

Ces produits, on les a interdit…, on ne peut donc pas les commercialiser.

Tout le monde devrait respecter cette convention qui concerne 30 000 espèces. On en aurait déjà sauv… plusieurs milliers.

Activité 3

Le début de ce poème de Jacques Prévert « Le message »[29] est proposé :

<u>La porte</u> que quelqu'un a ouverte
La porte que quelqu'un a refermée
La chaise où quelqu'un s'est assis
Le chat que quelqu'un a caressé
Le fruit que quelqu'un a mordu
La lettre que quelqu'un a lue
La chaise que quelqu'un a renversée
La porte que quelqu'un a ouverte
La route où quelqu'un court encore

On demande aux enfants de le réécrire en mettant les GN au pluriel et en continuant à leur façon le poème.

29. Jacques Prévert, *Paroles*, Folio Gallimard, 2006.

Troisième partie

Aider les enfants à se servir de l'orthographe pour se faire comprendre

Le doute orthographique et l'entraînement à la documentation

On voit bien comment est conçue la progression : avant de demander aux enfants d'écrire sans erreurs d'orthographe, il faut s'assurer qu'ils savent se servir de celle-ci quand ils lisent. À l'école primaire l'attente des enseignants doit se situer à ce niveau-là, celui de la compréhension des rôles de l'orthographe. Ce qui ne veut pas dire, bien sûr, qu'ils ne vont pas écrire, tant qu'ils n'auront pas maîtrisé l'orthographe en lecture ! Au contraire !!!

Mais les difficultés orthographiques des élèves seront alors prises en charge par l'enseignant, et, jusqu'à l'entrée en sixième, priorité doit être donnée au doute orthographique et à la maîtrise de la documentation, seul moyen de lever ce doute.

Comme chacun d'entre nous a pu l'observer, les élèves n'ont aucun doute orthographique : ils écrivent comme ils se souviennent, ou croient se souvenir, et le pire, c'est que massivement, l'école les encourage dans cette voie. Combien de fois ai-je entendu des collèges s'exclamer : « Ah non ! Ce mot-là, vous devez le savoir ». Mais l'esprit humain ne fonctionne pas comme ça : si je ne sais pas ou si je ne sais plus comment s'écrit tel mot, je dois me documenter, un point c'est tout ! Et il n'y a pas à s'offusquer : il n'y a aucune progression dans la difficulté. Je connais des enfants passionnés de dinosaures, qui savent écrire « ptérodactyle », et hésitent sur « maison » Il n'y a aucune progression de difficulté en orthographe : quand on ne sait pas, on ne sait pas !

Comme nous l'avons dit plus haut, l'orthographe, comme la botanique, ne s'enseigne pas à partir de règles : c'est une science d'observation... Comme tout ce qui appartient à la langue, l'orthographe est organisée en système, mais les éléments du système sont arbitraires. Aucun raisonnement ne peut donc justifier, ni permettre de trouver les graphies en usage...

De fait, toute l'orthographe est d'usage : simplement il y a deux usages : l'usage lexical et l'usage grammatical. **Et seule la documentation peut permettre de connaître ces usages quand on les a oubliés ou jamais connus.**

C'est aussi pour cela qu'il est essentiel d'aider les enfants à prendre l'habitude d'utiliser les dictionnaires chaque fois qu'ils ont à écrire, à l'école ou à la maison, car, plus tard, l'adulte qu'ils deviendront sera ainsi équipé d'un outil lui permettant d'éviter les erreurs dangereuses dans la vie sociale.

Mais pour utiliser le dictionnaire chaque fois qu'on a à écrire, cela implique que *deux conditions* soient remplies, l'une dépendant de l'autre :

- que l'on soit capable de trouver ce qu'on y cherche en moins de vingt secondes. Si on met plus de temps à trouver, on ne cherche pas, c'est bien connu. Et ceux qui, devant la proposition de mettre des dictionnaires à la disposition des enfants en toute situation d'écriture, s'exclament indignés « Alors, c'est trop facile ! », oublient que la plupart des enfants comme des adultes, préfèrent risquer l'erreur plutôt que se donner du mal à chercher ;

- que l'on ait acquis une grande connaissance du fonctionnement des dictionnaires et que l'on ait été abondamment entraîné à son utilisation rapide.

Or, pour acquérir une telle aisance de manipulation, il faut avoir travaillé dans les *quatre domaines* suivants :

– maîtriser la notion d'intervalle dans l'ordre alphabétique ;

– savoir interpréter les informations données dans les dictionnaires (types de polices de caractères, chiffres, opposition écriture standard et italique, définitions, abréviations etc.) ;

– maîtriser la manipulation du livre lui-même (savoir l'ouvrir le plus près possible du mot cherché, ne tourner les pages que dans un seul sens etc.) ;

– savoir formuler des hypothèses de graphies, et savoir repérer tout de suite qu'on ne cherche pas au bon endroit (repérer l'intervalle entre deux mots où serait celui qu'on cherche si l'hypothèse orthographique était la bonne).

Comment mettre en œuvre cet entraînement ?

Maîtriser l'ordre alphabétique et la notion d'intervalle

Maîtriser l'ordre alphabétique n'a rien à voir avec « réciter l'alphabet ». C'est d'autant plus vrai que l'alphabet n'est pas une liste, commençant obligatoirement par « a ». C'est l'ordre qui est important : je peux toujours commencer par n'importe quelle lettre, ma liste se poursuivra alors au-delà du « z ».

Cette maîtrise passe en réalité par la capacité à situer chacune des lettres par rapport aux autres, et cet entraînement a intérêt à débuter dès le CE1, où l'on va pouvoir proposer des jeux portant sur la place des lettres dans l'alphabet :

- proposer des lettres en désordre qu'il faut remettre dans l'ordre ;
- demander la lettre qui suit ou qui précède une lettre donnée ;
- demander les lettres qui encadrent dans l'alphabet une lettre donnée, etc.

Apprendre à classer dans l'ordre alphabétique des mots donnés

L'objectif visé ici, c'est de faire découvrir aux enfants la nécessité, pour un tel classement, de dépasser la première lettre des mots, et savoir se servir, quand les mots ont la même première lettre, de la seconde, troisième ou plus, pour les classer.

On utilisera donc une progression, allant de listes de mots dont la première lettre est différente, à d'autres dont les deux premières sont semblables (*matière mâcher, malin marteau, manche* etc.), jusqu'à des classements de plus en plus éloignés de la première lettre : *antirouille, antiaérien, antiquaire, antithèse*, etc. ou plus encore : *antipape, antipatriotique antipathique, antiparticules*, etc.

Apprendre à lire le dictionnaire

Il va de soi qu'un travail sur les diverses sortes de dictionnaires doit être mené dès le CE2, en précisant bien qu'on ne parle pas « du » dictionnaire mais de *dictionnaires au pluriel* ayant des fonctions différentes et précises. Pour l'orthographe, il faut un dictionnaire à la fois de taille réduite (on doit l'avoir constamment sous la main), surtout sans illustrations (on doit aller vite et trouver vite : pas le temps d'être ralenti par les images !), peu cher : chaque enfant doit en avoir un, et contenant beaucoup de mots. Celui qui remplit bien toutes ces conditions, est le Larousse du Livre de Poche.

Il s'agit d'apprendre aux enfants à repérer l'organisation des articles : le type de caractères utilisés, l'emploi de numéros, de points, de tirets, pour séparer les divers emplois des mots, la présence ou non des morts dérivés dans l'article, la séparation ou non en plusieurs « entrées » des différents sens des mots.

Il s'agit aussi d'apprendre le vocabulaire utilisé dans les articles comme « absolument » ou « métonymie », qu'on expliquera de façon adaptée aux enfants : métonymie, c'est une certaine manière d'utiliser les mots un peu à côté de leur sens : « boire un verre ».

Il s'agit également d'apprendre à interpréter les abréviations et les signes spécifiques à chaque dictionnaire : par exemple, le Larousse du livre de poche précisément utilise l'astérisque sur certains adjectifs pour signifier qu'un adverbe en –ment existe à partir de cet adjectif : « sage* » cela permet de savoir que l'adverbe « sagement » existe.

Quant aux définitions, elles n'ont qu'un rôle minime à jouer ici. D'abord, elles sont souvent difficiles à comprendre pour les enfants (et celles des dictionnaires dits « pour enfants » sont si réductrices qu'il est préférable de les éviter !). En fait, pour vérifier l'orthographe, elles n'ont d'utilité que pour les homonymes : savoir si c'est bien le mot cherché. Quand on cherche le mot « poids », la définition est nécessaire pour être sûr que ce n'est pas « pois » qu'on a trouvé !

On peut ajouter à cela des jeux de type moteur et perceptivo moteur, sur la manière d'ouvrir le dictionnaire, le plus près possible de la lettre cherchée, et d'apprendre à tourner les pages dans un seul sens : c'est à les tourner maladroitement dans tous les sens qu'on perd en général le plus de temps. On peut ainsi s'amuser à repérer sur la tranche l'épaisseur des plages correspondant aux lettres de l'alphabet, et, si une langue étrangère est enseignée dans la classe, s'amuser à comparer cette observation avec celle d'un dictionnaire de la langue en question, pour découvrir que, d'une langue à l'autre, la fréquence des lettres à l'initiale des mots n'est pas du tout la même.

On peut également, de façon ludique, faire de petits concours sur la manière d'ouvrir le livre et de tourner les pages.

Apprendre à formuler des hypothèses de graphies avant d'ouvrir le dictionnaire, et savoir où chercher

Nous avons déjà et à plusieurs reprises évoqué la nécessité d'être capable de trouver vite ce qu'on cherche dans le dictionnaire, faute de quoi, on ne cherche pas. *Deux conditions* sont nécessaires pour ne pas perdre de temps :

- avoir formulé des hypothèses de graphies, pour savoir où chercher ;
- posséder un moyen de savoir tout de suite que l'on se fourvoie et qu'il faut chercher ailleurs.

Cette seconde condition étant elle-même soumise à *une troisième :* avoir travaillé sur la notion d'intervalle dans le dictionnaire. On peut ainsi proposer aux enfants le jeu suivant : *À votre avis, entre les deux mots, « rencontre » et « rentrée », peut-on trouver les mots « renseigner », « rendre », « résister », et pourquoi ?*

On peut aussi varier le jeu en demandant de préciser si les mots qui n'y figureraient pas se situent en amont ou en aval de l'intervalle proposé.

Un exemple d'entraînement à cette formulation d'hypothèses (Dès le CE2)

C'est une situation-problème, à résoudre en petits groupes (de trois), avec un dictionnaire. L'enseignant propose un mot qui pose un problème de recherche à cause des graphies plurielles possibles de la première syllabe. Soit, par exemple, le mot « hypothèse ». Avant le travail de groupes, ensemble on cherche les diverses possibilités d'écriture de cette première syllabe : **[i]**

On trouve : la lettre « i », la lettre « y », et, comme la lettre « h » est toujours à prévoir à gauche de n'importe quelle lettre-voyelle, [30] on ajoute « hi » et « hy ». L'enseignant attire aussi l'attention des enfants sur le fait que ce qui est entendu sous la forme **[p]**, peut être traduit soit avec la lettre « p », soit avec deux de ces lettres.

Les enfants sont alors invités à chercher dans le dictionnaire le mot « hypothèse » à chacune des graphies possibles ainsi trouvées pour le début du mot. Dans l'ordre alphabétique, c'est la graphie « hi » qui se trouve en tête. La consigne de travail est de trouver le plus vite possible l'intervalle entre deux mots où *hypothèse* serait si c'était bien ainsi que le mot s'écrit.

Pour cette graphie, le mot se trouverait dans l'intervalle [hindouisme ; hippique][31], s'il n'avait qu'un seul « p » et en tout cas, avant « hirondelle », s'il en avait deux.

Même s'ils ont trouvé la bonne orthographe dès le second essai (il se trouve dans l'intervalle [hypothèque ; hypothétique]), on continue pour l'entraînement, avec les autres possibilités : pour la graphie « i », le mot devrait se trouver dans l'intervalle [ipéca ; iranien], et pour la graphie « y », c'est l'intervalle [ypéryte ; yucca].

Ce genre d'activité amuse beaucoup les enfants et se trouve ainsi de nature à installer une relation affective positive à l'orthographe, ce que les pratiques courantes sont loin de faire.

Apprendre à se servir d'un dictionnaire de verbes

Voilà un objet dont l'école ne se sert absolument pas, alors que le système verbal est, depuis toujours, le lieu des difficultés d'orthographe les plus grandes pour tout le monde.

C'est pourtant l'outil par excellence d'aide aux enfants et aux adultes, et il faut impérativement en donner à la fois la maîtrise et l'habitude à tous les élèves.

Comme le Larousse du Livre de Poche, les enfants doivent posséder personnellement un dictionnaire de verbes (Larousse, ou autre, en évitant Bescherelle qui, ajoutant des considérations grammaticales – discutables au surplus – handicape grandement la recherche). Et l'on doit conduire en

30. Ce terme est indispensable pour bien distinguer les 6 lettres qui peuvent traduire des voyelles, des 16 sons-voyelles que possède le français.

31. Il est évident qu'il y a là un lien avec les mathématiques…

classe dès le CM1, un apprentissage de sa manipulation, qui est loin d'être évidente, tout en restant très accessible aux enfants, dès qu'on leur a permis d'en découvrir le maniement.

Quelles activités d'entraînement à la manipulation de ce type de dictionnaire ?

Elles s'organisent en *trois directions :*

- découvrir comme ça marche, un dictionnaire de verbes ;
- s'entraîner à s'en servir et à trouver rapidement ;
- pratiquer des jeux collectifs avec le dictionnaire.

Pour ce qui est de la première direction, cela signifie, en début de chaque année du cycle 3, donc dès le début du CE2, amener les élèves à observer comment l'ouvrage est organisé.

Les exemples sont pris dans le Larousse de conjugaison, qui a le mérite d'être clair, sans informations superflues, même s'il repose toujours sur l'ineffable « classement » (les guillemets sont nécessaires, tant ce classement est loin d'en être un !) en trois groupes[32].

Après quelques pages de présentation du livre, on trouve 114 exemples de verbes, complètement conjugués à tous les temps et à tous les modes, suivis d'un index de 10000 verbes à l'infinitif, accompagnés chacun d'un numéro, qui renvoie à la page d'un des 114 verbes. Ce verbe auquel le numéro renvoie est un modèle parfait de conjugaison du verbe recherché : il n'y a qu'à chercher le temps et la personne dont on a besoin pour la trouver immédiatement, en remplaçant le radical du modèle par celui du verbe en question.

Le premier travail de groupes consistera donc à faire faire cette exploration par les enfants, débouchant sur une fiche d'action d'utilisation, élaborée lors de l'échange en grand groupe, sous la direction de l'enseignant.

Ensuite il restera à prévoir, comme entraînement, des jeux consistant à trouver telle forme verbale, fournie soit de façon grammaticale, à partir du mode, temps et personne : *trouvez comment peut s'écrire le verbe « dissoudre », à la première personne du pluriel du passé simple de l'indicatif, et au participe présent.*

Soit à partir d'une phrase, comme par exemple : « *On ne pouvait se débarrasser de ce vernis qu'en le (dissoudre) avec un produit spécial* ».

32. Il existe des classements autrement plus pratiques pour les enfants : voir à ce sujet *Une grammaire d'aujourd'hui*, par Charmeux et collègues, Éditions SEDRAP.

L'avantage de cette seconde approche, c'est qu'elle correspond aux situations réelles de doute orthographique ou grammatical.

Le Larousse de conjugaison est en plus un outil incomparable pour travailler la conjugaison : plutôt que d'utiliser le chapitre plus ou moins intéressant et complet du manuel de grammaire, il est bien préférable de faire travailler les élèves sur les planches de conjugaison d'un type de verbe et mettre les enfants en situation d'observation de ces planches, et de dégager eux-mêmes des constats : les chances qu'ils retiennent seront beaucoup plus grandes, que d'avoir eu à écouter les explications de l'enseignant.

Il ne faudrait pas oublier, comme activité d'entraînement à la manipulation rapide et aisée du dictionnaire, les jeux de réécriture proposés par l'Ouvroir de Littérature Potentielle[33] (Queneau, Le Lyonnais, etc.), qui y ont recours et qui sont fort nombreux et fort amusants.

Parmi eux, le célèbre « V+3, N–2 », qui consiste à remplacer dans un texte bien connu tous les verbes par le troisième qui suit dans le dictionnaire, et les noms par le second qui les y précède. On peut évidemment varier à l'infini les données de cette règle.

On peut aussi utiliser le dictionnaire de mots croisés, où les mots sont classés par nombre de lettres, pour produire des textes avec des mots dont le nombre de lettres est croissant (ou décroissant) : le premier mot ne doit avoir qu'une seule lettre, le second deux, le troisième trois, et ainsi de suite, aussi loin qu'on peut.

33. Deux ouvrages essentiels : Oulipo,
– *La littérature potentielle*, Gallimard, 1973.
– *Atlas de littérature potentielle*, Gallimard, 1981.

Quatrième partie

Évaluer la maîtrise de l'orthographe

Si, comme nous l'avons vu, la dictée est le plus piètre moyen d'évaluer la maîtrise de l'orthographe, quels autres moyens utiliser ?

Première question : Que signifie « maîtriser l'orthographe » ou qu'y a-t-il à évaluer ?

Apprendre l'orthographe, c'est mettre en place un savoir surtout ***opératoire*** *(savoir écrire sans erreurs), et non un savoir conceptuel, même si la connaissance théorique joue un rôle important. C'est une des spécificités de l'orthographe, par rapport aux autres disciplines scolaires. Ce savoir se décompose en six formes de savoir :*

- savoir à quoi elle sert et être convaincu de son utilité ;
- avoir, par des activités de « démontage », découvert et clarifié les divers niveaux et modes de son fonctionnement ;
- avoir intériorisé cette connaissance et l'avoir transformée en moyen d'écriture ;
- pouvoir l'utiliser spontanément et automatiquement dans toute activité de production écrite ;
- être physiquement gêné par une erreur d'orthographe ;
- en cas de doute, savoir où se trouve la solution et savoir la trouver en moins de 20 secondes.

Il s'agit donc, non d'une connaissance au sens strict du terme, mais de la mise en place d'un comportement intégré où la connaissance a une part importante, mais ne constitue, ni le départ, ni l'arrivée du travail d'apprentissage.

D'autre part, il apparaît que ce comportement est lié à une forme d'habitudes :

- *habitude visuelle,* qui implique que la langue écrite ne soit jamais observée avec des erreurs, faute de quoi, le point 5 ne pourra jamais être atteint ;
- *habitude graphique,* liée au fait que l'orthographe joue, par rapport à l'écrit, le même rôle que la prononciation par rapport à l'oral. Il s'ensuit que l'orthographe fait intimement partie de toute activité d'écriture, dont elle ne doit jamais être dissociée : **écrire, c'est mettre l'orthographe.** Si ces deux activités ont été séparées dans les apprentissages, il est normal que l'habitude graphique ne s'installe pas.

Enfin, si le but à atteindre est que les enfants écrivent avec l'orthographe, de manière à être compris, et non qu'ils récitent des règles sans les appliquer, il est **essentiel de les équiper d'un moyen autonome de résolution des problèmes d'orthographe.** D'où l'importance d'une maîtrise, quasi-réflexe, de la documentation orthographique, qui ne se limite pas au dictionnaire classique, mais qui intègre les dictionnaires de conjugaison, de rimes, de scrabble et de mots croisés : chacun de ces dictionnaires apportant un type d'information spécifique dont chaque élève doit être capable de repérer le besoin.

L'entraînement à l'utilisation efficace (20 secondes maximum) de ces documents apparaît donc comme une composante essentielle de l'apprentissage de l'orthographe française. Il doit commencer dès le CE2 et se poursuivre tout au long de la scolarité, collège compris.

Ajoutons que la fin du CM2 ne saurait coïncider avec la maîtrise du savoir opératoire défini plus haut, en situation d'écriture. Il va de soi que cet objectif est un objectif terminal des études, et donc doit se situer à la fin de la 3e de collège…

Ce que l'on est en droit d'exiger de la fin du cycle 3, c'est que les enfants connaissent le fonctionnement de l'orthographe, c'est-à-dire qu'ils soient **capables de justifier n'importe quelle graphie.** C'est dire que l'essentiel des règles de fonctionnement orthographique, notamment celles qui concernent le fonctionnement sur l'axe horizontal des relations (son rôle grammatical), peuvent et doivent être intellectuellement acquises à la fin du CM2. Leur réinvestissement en production se faisant ***de façon variable*** d'un enfant à l'autre et d'un type d'écrit à l'autre, et ne pouvant faire l'objet de définitions précises en termes d'objectifs à atteindre.

Quels types d'évaluation ?

Nous avons démontré que la dictée était un thermomètre bien mal étalonné et qui ne mesure rien en réalité. Pourtant, il faut bien évaluer les savoirs en orthographe

Comme toujours deux secteurs de l'évaluation sont à envisager ici :

- la maîtrise de l'orthographe en situation fonctionnelle de production d'écrits ;
- la connaissance du fonctionnement français des marques écrites.

Évaluer l'orthographe en situation fonctionnelle d'écriture. Des notes d'orthographe ou autre chose ?

En situation fonctionnelle, ce n'est pas le nombre d'erreurs qui serait à évaluer. Ce sont les stratégies qui permettent d'éviter les erreurs. C'est pourquoi, pour chaque situation de production d'écrits, et quelle que soit la discipline pour laquelle la production est prévue (solution d'un problème mathématique, devoir d'histoire ou compte rendu scientifique, etc.), il semble indispensable de permettre l'utilisation totalement libre de la documentation orthographique (dictionnaires d'orthographe, de conjugaison, archives personnelles, fiches produites en classe, etc.).

Le contrat étant de ne prendre aucun risque et de ne jamais écrire sans vérifier l'orthographe.

C'est aussi pourquoi il nous semble préférable, à l'école primaire, au moins au cycle 2 et dans la première année du cycle 3, de ne jamais faire produire individuellement des écrits : des équipes de deux enfants, et même plutôt de trois sont infiniment souhaitables afin de partager les tâches à mener pour produire un écrit : tenir la plume, élaborer les phrases du texte, et s'occuper de la documentation orthographique.

Dès lors que ces conditions sont remplies, il est possible de s'occuper des éventuelles erreurs voire, si l'on se trouve en période d'évaluation, d'attribuer une note au savoir orthographier qui apparaît dans le texte. Mais il est bien entendu que cette note ne peut être qu'une *somme de réussites* (et non une soustraction d'erreurs !). Comme il ne paraît pas très simple de compter le nombre de mots convenablement écrits, ce qui donnerait des notes assez monstrueuses, la solution est à rechercher dans un « forfait », défini à l'avance avec les élèves, à partir d'un rapport entre le nombre approximatif de réussites orthographiques et le nombre total (approximatif aussi de mots). On peut par exemple convenir que trois quarts de bien écrit, correspondent à la moyenne 10/20 ; la moitié, à 5/20 ; le quart, à 2/20. On ne propose la note nulle que si *rien n'est bien orthographié ;* et l'on proposera 15/20, pour quelques erreurs disséminées dans le texte. Il va de soi que cette note ne porte que sur l'orthographe de la copie, toujours distincte des éventuelles autres notes portant sur d'autres compétences. Il va aussi de soi que cette évaluation du savoir orthographier doit s'effectuer sur les *productions écrites de toutes les disciplines,* lesquelles en période d'évaluation portent obligatoirement, en plus de la note attribuée dans la discipline en question, une note d'orthographe, qui entrera dans la moyenne des notes dans ce domaine. Une moyenne en effet doit porter sur l'ensemble des productions effectuées au cours de la semaine d'évaluation, et non sur les dictées effectuées dans le trimestre (solution traditionnelle, mais absurde, qui supprime carrément la notion de progrès des élèves au cours de ce trimestre).

Évaluer les connaissances sur le fonctionnement de l'orthographe

C'est-à-dire, évaluer ce qui a été retenu du travail d'apprentissage effectué en classe sur tel ou tel point de son fonctionnement. Pour que cette évaluation (indispensable à l'enseignant, comme *feed-back* sur son propre travail) ait un sens, il importe d'éliminer toute variable indépendante du savoir étudié. C'est pourquoi, il ne peut s'agir d'une activité d'écriture. *Deux types d'activité* sont possibles :

• *des activités de justification de graphies :* on distribue un texte, de préférence connu des élèves à travers des lectures antérieures, dans lequel ont été soulignés divers exemples du travail à évaluer : par exemple les rôles de la lettre –S en finale des mots. Vingt mots du texte, terminés par cette lettre sont ainsi soulignés et l'on propose pour chacun d'eux plusieurs justifications possibles :

– le mot est précédé d'un déterminant pluriel ;

– le mot appartient à un groupe nominal pluriel ;

– le mot est précédé des mots Je, ou Tu, ou Nous, ou Vous ;

– le mot s'écrit toujours avec un -S.

Les élèves doivent choisir celle qui leur semble la bonne explication. Chaque choix correct reçoit un point. La somme des points obtenus donne une note qui apporte, sur la question considérée, des informations fiables et intéressantes pour l'enseignant.

• *au cycle 3,* on peut proposer une variante un peu plus difficile, intégrant l'écriture :

Au lieu de souligner les éléments orthographiques, on laisse en blanc, dans le texte distribué aux enfants, la partie des mots qui porte les marques à connaître. Pour éviter toute ambiguïté, le texte est alors dicté tandis que les élèves suivent des yeux et écrivent les parties de mots manquantes. De la même manière que précédemment, chaque blanc bien rempli se voit attribuer un point, et la somme donne sur vingt une note qui a un sens.

Des exemples concrets au CE2

À l'école primaire, et surtout en début de cycle 3, l'objectif en matière de maîtrise de l'orthographe, **ne peut pas être un objectif d'écriture.** Avant d'être capable d'écrire en respectant l'orthographe, il faut savoir en reconnaître les caractéristiques dans les écrits lus. Pour être capable de mettre un -s là où il faut, l'élève doit auparavant être capable de dire pourquoi, dans un texte, il y a un -s à tel ou tel endroit. Aussi, avant d'évaluer les capacités d'écriture, est-il indispensable d'évaluer les capacités de justification de graphies. C'est ce type d'évaluation que nous proposons. Elle est proposée non seulement pour être soumise aux élèves, mais aussi pour que l'enseignant puisse en fabriquer d'autres selon le même modèle.

L'exercice d'évaluation traditionnel de l'orthographe, la dictée, est en effet, à éviter à tout prix, de par sa stupidité fondamentale, et les dangers évidents qu'elle présente quant à la maîtrise de cette dimension essentielle de l'écriture.

Exemple 1

Pour cette première évaluation de l'année en orthographe, nous proposons quatre extraits de lettres, lues et travaillées auparavant.

En réponse à votre courrier, nous vous informons que nous viendrons installer les rideaux dans votre classe le mercredi 27 octobre. Vous seriez très aimable de laisser les clés de votre salle dans le bureau de monsieur le Directeur.

Nous vous remercions par avance et vous adressons nos salutations les plus dévouées.

Bonjour, Fatima,

J'espère que tu vas bien.

Samedi 14 février, Lucas, Inès et moi, nous sommes partis chez Mamie et Papi. Nous avons rapporté des pierres précieuses. Puis, dimanche 22 février, nous sommes allés chez nos cousins. Il nous tardait de rentrer. L'après-midi, nous sommes revenus à la maison.

Demain, nous nous retrouverons en classe.

Clément.

Chère maîtresse *J'espère que vous allez bien et aussi que vous passez de bonnes vacances et que vos <u>enfants</u> vont bien. Je m'amuse bien et pendant les <u>vacances</u> d'été, j'irai à <u>Paris</u>.* *À bientôt,* *Emmie*

Consigne : *Regarde bien les mots soulignés : ils sont tous terminés par la lettre -s- Nous te proposons plusieurs explications possibles. Recopie ces mots et écris à côté de chacun de ces mots le numéro de l'explication qui te paraît convenir, en ajoutant ce qui t'a permis de trouver.*

1. C'est l'orthographe du mot : il s'écrit toujours comme cela.
2. C'est un nom dans un GN au pluriel
3. C'est un verbe précédé de NOUS
4. C'est un verbe précédé de TU
5. C'est un déterminant pluriel.

Exemple 2

Un corpus de quelques extraits des écrits travaillés depuis la première évaluation, est proposé, avec la consigne suivante : *Regarde bien comment se terminent les mots soulignés. Nous te proposons plusieurs explications possibles. Recopie ces mots et écris à côté de chacun de ces mots le numéro de l'explication qui te paraît convenir, en précisant ce qui t'a permis de trouver.*

1- Tu places les bulbes dans des récipients et tu mets les récipients dans un endroit obscur.

2- Écrasez les filets de truite en tout petits morceaux et incorporez ensuite la crème fraîche ; goûtez avant d'ajouter du sel et poivrez.

3- Écraser le thon à la fourchette et remplir les tomates. On peut y ajouter du riz.

4-Faites légèrement dorer les tranches de pain et coupez-les en deux.

5- Si tu veux un cobaye chez toi, prends une grande cage en plastique et n'oublie pas de lui donner un rondin de bois pour qu'il le ronge...

6- Découpez de petits losanges dans l'une des feuilles de papier. Offrez ce pliage à quelqu'un que vous aimez bien.

Le mot se termine par un -s, parce que :

1. c'est un verbe dans une phrase impérative (correspondant à VOUS)
2. c'est un verbe dans une phrase impérative (correspondant à TU)
3. c'est un verbe dans une phrase déclarative, précédé du petit mot TU
4. c'est un nom dans un GN pluriel
5. c'est l'orthographe du mot : il s'écrit toujours comme cela

Le mot se termine par un -x, parce que

6. c'est un verbe dans une phrase déclarative, précédé du petit mot TU
7. c'est un nom dans un GN au pluriel
8. c'est l'orthographe du mot : il s'écrit toujours comme cela.

Le mot se termine par un -z, parce que

9. c'est un verbe dans une phrase impérative (correspondant à VOUS)
10. c'est un verbe dans une phrase déclarative, précédé du petit mot VOUS
11. c'est l'orthographe du mot : il s'écrit toujours comme cela.

Le mot se termine par -r, parce que

12. c'est un verbe à l'infinitif
13. c'est un nom dans un GN qui s'écrit comme cela au singulier.

Exemple 3

À partir du corpus suivant, tiré de documents lus auparavant, la consigne suivante est proposée :

Regarde bien comment se terminent les mots soulignés. Nous te proposons plusieurs explications possibles. Recopie ces mots et écris à côté de chacun de ces mots le numéro de l'explication qui te paraît convenir, en précisant ce qui t'a permis de trouver.

1- « Goupapy, raconte-nous encore l'histoire du corbeau et du fromage ! »

Pour la cent cinquième fois, le vieux renard conte à ses petits-fils comment il avait fait tomber du bec de Maître Corbeau l'alléchante proie...

2- Le renard est un habitant de la forêt, mais il se fixe parfois dans les grands parcs à végétation épaisse, au milieu des villes. Il s'attarde souvent dans des villages où il peut trouver de la volaille. Sa nourriture habituelle se compose de petits rongeurs ou oiseaux.

3- Les petits du hérisson naissent aveugles et leurs piquants sont mous. Ils ouvrent les yeux au bout de deux semaines.

4- Toutes les araignées se nourrissent de petits animaux, principalement d'insectes. Certaines courent à la poursuite de leurs proies, d'autres se mettent à l'affût près des fleurs

Le mot se termine par un -e, parce que

1. c'est un verbe dans une phrase impérative (correspondant à TU)
2. c'est un verbe au présent de l'indicatif, précédé d'un GN singulier (ce qu'on appelle la 3e personne)
3. c'est un nom dans un GN singulier, qui se termine par -e au singulier (on le voit dans le dictionnaire).
4. c'est l'orthographe du mot : il s'écrit toujours comme cela.

Le mot se termine par un -s, parce que

5. c'est un nom dans un GN pluriel
6. c'est l'orthographe du mot : il s'écrit toujours comme cela

Le mot se termine par un -t, parce que

7. c'est un verbe au présent de l'indicatif, précédé d'un GN singulier (ce qu'on appelle la 3e personne)
8. c'est un nom dans un GN singulier, qui se termine par -t au singulier (on le voit dans le dictionnaire)
9. c'est un verbe au présent de l'indicatif, précédé d'un GN pluriel
10. c'est l'orthographe du mot : il s'écrit toujours comme cela.

Exemple 4

Premier exemple de « dictée à trous ». Elle porte sur le travail de conjugaison qui a été mené depuis la dernière évaluation orthographe. Comme toujours, un corpus de phrases tirées de textes lus auparavant est proposé avec la consigne suivante :

Vous remarquez que certains mots ont des petits tirets à la place de leur terminaison. Votre travail consiste seulement à écrire la bonne terminaison à la place des tirets, pendant que l'enseignant dicte le texte :

1- Un corbeau, qui av... volé un beau fromage, s'ét... installé sur un arbre. Un renard affamé l'aperç... et s'approch.... Il lui demand... si sa voix ét... toujours aussi belle et s'il sav... encore chanter de beaux refrains. Le corbeau jet... un cri et lâch... le fromage qui tomb... à terre.

Le renard se précipit... et, avant de sais... le fromage, il lanç... au corbeau :

« Comme tu ... bien chant... ! Mais c'ét... un peu court On se retrouve bientôt ! ! »

Le corbeau f... très honteux. « J'... été vraiment bête, se dis...-il. Je d... faire attention à ne plus me faire prendre ainsi ! »

2- Il ét... une fois un jeune prince qui s'appel... Malik. Il ét... heureux car il all... épous... Mina. Ce jour-là, à son retour de la chasse, il trouv... la mère de Mina qui pleur....

L'Ogre Nestor ... enlev... Mina...

Malik n'hésit... pas une seconde : il sauta sur son cheval et galop... vers le château de l'ogre. En chemin, il sauva un vieil homme qui se noy...

« Tu m'... sauv... dit le vieil homme. Pour te récompenser, pren... ces bonbon... Ils s... magiques : les bleu... fon... grandir. »

Il s'agit maintenant de recopier les formes verbales soulignées dans les cases qui conviennent du tableau ci-dessous :

Indicatif							
Formes du dialogue						**formes du récit**	
	JE	TU	NOUS	ON	VOUS	GN sing. ÇA Il, Elle, On,	GN pluriel Ils, Elles
présent							
passé composé							
imparfait							
passé simple							

Exemple 5

Véritable « dictée à trous », que l'enseignant présente ainsi : Je vais vous dicter le début d'une histoire de Marcel Pineau, dont vous avez le texte sous les yeux. Comme vous pouvez le voir, certains mots ont des petits tirets à la place de leur terminaison. Votre travail consiste seulement à écrire la bonne terminaison à la place des tirets, pendant que je dicte tout le texte.

Marcel Pineau, *Histoires de Sorcières*

En ce temps-là, les sorcièr... transformai... déjà les crapauds en princes charmant... et les princesses, en fleurs. Elles savaient aussi prépar... toutes sortes de potions magique... Un jour, dans la forêt, la sorcière Brocolia confectionnai... une de ses recettes dont elle avait le secret. ( ) Soudain, Brocolia entendi... trois coups violent... frappés contre le carreau de sa fenêtre. Surprise, elle abandonna le balai de fagots qui lui servait à remu... sa mixture. Elle s'essuy... les mains et alla ouvr...

Un puissant cavalier étai... perché sur un magnifiqu... cheval blanc.

« Que me voul... -vous ? lui lan... - t-elle d'un ton pointu.

— Le Roi a besoin de tes servic... Son cheval vieilli... Il ne veu... pas s'en sépar... Il te demande de trouv... une potion pour qu'il galope plus vite et retrouve sa force et sa jeunesse.

— Mais je sui... déjà en pleine commande pour le seigneur de ces lieu... »

L'homme ne lui laissa pas termin... sa phrase :

« La volonté du Roi pass... avant celle de tout autre ! je reviendr... ce soir. Si la potion n'est pas prête, tu ser... jetée dans un cachot du château avec tes crapauds et tes rats, vieille sorcière ! Mais si tu réuss... tu ser... couverte d'or ! »

Et il dispar... dans un bruit terrible.

Bibliographie

Du même auteur

– *Le Système poétique français,* Éditions de l'École, 1967.
– *Savoir lire au collège,* CEDIC-Nathan, 1985.
– *L'écriture à l'école,* CEDIC-Nathan, 1983.
– *L'orthographe à l'école,* CEDIC-Nathan, 1979.
– *La lecture à l'école,* CEDIC-Nathan, 1975.
– *Le « bon » français... et les autres,* Milan, 1989.
– *Apprendre à lire : échec à l'échec,* Milan, 1987.
– *La langue française, mode d'emploi, en collaboration CM2,* avec guide pour l'enseignant SEDRAP, 2004.
– *La langue française, mode d'emploi, en collaboration. CM1,* avec guide pour l'enseignant SEDRAP, 2003.
– *La langue française, mode d'emploi, en collaboration. CE2,* avec guide pour l'enseignant SEDRAP, 2002.
– *Une grammaire d'aujourd'hui.* en collaboration avec M. Grandaty et F. Monier. 3 volumes, SEDRAP, 2001.
– *Ap-prendre la parole, une didactique de l'oral, de la maternelle à la fin du collège,* SEDRAP, 1997.
– *Animalire* en collaboration : outil d'enseignement de la lecture avec un recueil de textes pour les élèves et un classeur-ressources pour l'enseignant (trois livrets, théorique et pratique de classe), SEDRAP, 1995.
– *Apprendre à lire et à écrire : Deux cycles pour commencer,* SEDRAP, 1993.
– *Combinatoire et compétences langagières dans les apprentissages premiers de la lecture,* supplément au « Coffre à outils pour commencer l'apprentissage de la lecture », (en collaboration avec M. Grandaty, F. Monier, D. Panteix), SEDRAP, 1991.
– *Le « Coffre à outils pour commencer l'apprentissage de la lecture »* (en collaboration avec M. Grandaty, F. Monier, D. Panteix), SEDRAP, 1991.
– *Le « Coffre à outils pour apprendre à lire »* (en collaboration avec D. Panteix et F. Monier), SEDRAP, 1990.

Pour aller plus loin sur l'orthographe

Blondet Sandrine, *Orthographe française,* J.-P. Gisserot, 2002.

Catach Nina

– *L'orthographe*, PUF, 2003 ; nouvelle édition, 2011.

– *Dictionnaire historique de l'orthographe française,* Larousse, c1995.

– *Histoire de l'orthographe française,* H. Champion, 2001.

– *Les délires de l'orthographe : en forme de dictioNaire,* Plon, c1989.

– *L'orthographe en débat : dossiers pour un changement : avec la liste complète des mots rectifiés,* Nathan, 1991.

– avec la collab. de Claude Gruaz et Daniel Duprez, *L'orthographe française : traité théorique et pratique avec des travaux d'application et leurs corrigés,* Nathan, c1980 ; nouvelle édition, Armand Colin, 2005.

Charmeux Eveline, *L'orthographe à l'école,* CEDIC-Nathan, 1979.

Chervel A. et Manesse D., *La Dictée. Les Français et l'orthographe,* Calmann-Lévy-LN. RP, 1989.

Cogis Danièle, *Pour enseigner et apprendre l'orthographe – Nouveaux enjeux-Pratiques nouvelles École/Collège,* Delagrave, 2005.

Colignon Jean-Pierre, *L'orthographe c'est logique !,* Albin Michel, 2003.

Contant Chantal, *Grand vadémécum de l'orthographe moderne recommandée : cinq millepattes sur un nénufar,* De Champlain S. F., c2009.

Contant Chantal et Muller Romain, *Connaître et maîtriser la nouvelle orthographe : Guide pratique et exercices,* De Champlain S. F., 2005 ; nouvelle édition, 2009.

Contant Chantal et Muller Romain, *Les rectifications de l'orthographe du français,* Deboeck, ERPI, c2010.

Gaillard Bénédicte et Colignon Jean-Pierre, *Toute l'orthographe,* Albin Michel-Magnard, c2005.

Jaffré J.-P.

– « Les enfants et le plurisystème graphique. À propos de quelques stratégies cognitives », *LN. RP., Repères,* n° 70, 1986.

– « Compétence orthographique et système d'écriture », INRP, *Repères,* n° 4, 1991.

Jaffré J.-P. et Reuter Y., dir., « Orthographe(s) », *Pratiques,* n° 46, 1985.

Lalande J.-P. et Gagné G., « L'apprentissage de l'orthographe lexicale : proposition d'un modèle général », *Études de linguistique appliquée,* n° 71, 1988.

Jouette André, *Dictionnaire d'orthographe et d'expression écrite,* Dictionnaires Le Robert, 2006, c2002.

Dictionnaire des règles du français : orthographe, grammaire, conjugaison, Larousse, c2008.

Dictionnaire Dixel, éd. 2011, Le Robert, c2010.

Dictionnaire Hachette, éd. 2011, Hachette, c2010.

Le nouveau petit Robert : dictionnaire alphabétique et analogique de la langue française, texte remanié et amplifié sous la dir. de Rey-Debove Josette et de Rey Alain, éd. 2011, Dictionnaires Le Robert, c2010.

Orthographe, Nathan, c2001.

L'orthographe pour tous : l'orthographe d'usage, l'orthographe grammaticale, vocabulaire, tolérances orthographiques, lexique, Bescherelle, Hurtubise HMH, c2006.

Le petit Larousse illustré en couleurs, éd. 2011, Larousse, c2010.

Réseau pour la nouvelle orthographe du français. *Le millepatte sur un nénufar : vadémécum de l'orthographe recommandée*, Renouvo, 2005.

Romian H. et al., « Didactique du français et recherche-action », INRP, *Rapport de recherche,* n° 2, 1989.

Le Robert oral-écrit : l'orthographe par la phonétique, rédaction dirigée par Dominique Taulelle, Dictionnaires Le Robert, c1989.

Vial Jean, *Guide pratique d'orthographe,* ESF, c1991.

Villers Marie-Éva (de), *Multidictionnaire de la langue française,* Québec Amérique, c2009.

Walter Henriette, *Le français dans tous les sens,* Robert Laffont, 1973 ; nouvelle édition, Points, 2003.

Yaguello Marina, *Histoires de lettres –Des lettres et des sons,* Le Seuil, c1990.